THE fittest you

KICKSTART VOOR EEN GELUKKIGE GEEST IN EEN GEZOND LICHAAM

Baas over body & mind met tips, work-outs en recepten!

THE fittest you

KICKSTART VOOR EEN GELUKKIGE GEEST IN EEN GEZOND LICHAAM

GUDRUN HESPEL
FOTO'S IRMY PHOTOGRAPHY

Van Halewyck

INLEIDING

MIJN VERHAAL 8

WAAROM DIT BOEK? 19

FIT MIND

INLEIDING 24

OP WEG NAAR EEN GEZONDER ZELFBEELD EN LICHAAMSBEELD 27

Hoe kan ik dan een positiever zelfbeeld creëren? 30

DOELEN STELLEN 34

Alles begint bij een positieve mindset 34

Goede doelen stellen 38

BALANS VINDEN 42

80/20-principe 42

Bewust eten 44

SOS eetbuien 44

Wanneer is gezond te gezond? 46

EEN POSITIEVE MINDSET 48

Dankbaarheid oefenen 48

Mindfulness 51

SLAAP 54

FIT BODY

INLEIDING 60
Maar ik heb daar geen tijd voor! 62
Maar waarom moet ik dan sporten? 63

IK WIL EEN BETERE CONDITIE 66
Cardiovasculaire training 66
Hardlopen als cardio 78

IK WIL STERKER WORDEN 92
Enkele mythes weerlegd 96
De acht geboden van krachttraining 98
Work-outs 106

IK WIL LENIGER WORDEN 122
Stretchen 122
Yoga 128
Foamrollen 139

IK WIL ALLES KUNNEN COMBINEREN 141

FIT FOOD

INLEIDING 146

WAT IS GEZOND ETEN? 148

BELANGRIJKE VOEDINGSSTOFFEN 149

ENERGIEBEHOEFTE 158

IN 8 STAPPEN NAAR EEN GEZOND EETPATROON 161

RECEPTEN 175
Ontbijt 176
Lunch 194
Dinner 206
Snacks en desserts 214

IN 4 WEKEN BAAS OVER BODY EN MIND 224
Mijn baas over body en mind werkschrift 226

‘Als je me tien jaar geleden had verteld dat ik ooit zou kunnen lachen naar het meisje in de spiegel, dan had ik je voor gek verklaard.’

MIJN VERHAAL

Als je me tien jaar geleden had verteld dat ik ooit zou kunnen lachen naar het meisje in de spiegel, dan had ik je voor gek verklaard.

Van je eigen lichaam houden, het klinkt in theorie zo eenvoudig, maar blijkt voor een groot deel van de bevolking toch zo verdomd moeilijk te zijn. Ook voor mij was de weg naar zelfvertrouwen en zelfacceptatie een erg moeilijke en lange weg.

Van een levendig kind vol zelfvertrouwen, ook wel 'bulldozerke' genoemd door mijn mama, veranderde ik in een stille, erg onzekere tiener. Wanneer ik er nu op terugkijk, zou ik dat meisje zo graag willen vertellen dat ze mooi, slim, sportief, lief en nog zoveel meer is. Maar wanneer ik in die periode in de spiegel keek, zag ik enkel een dik, lelijk, saai en stom kind dat geen liefde waard was. Het liefst van al was ik onzichtbaar geweest, zodat ik niemand lastigviel met mijn lelijke aanwezigheid. Het lijken misschien harde woorden, maar dat was toen helaas hoe ik mezelf zag.

Jarenlang vocht ik met mezelf, met de demonen in mijn hoofd. Van anorexia naar orthorexia, naar boulimia, ik heb het allemaal gehad. Jarenlang behandelde ik mijn lichaam alsof het niet waard was om zorg voor te dragen. Alsof het er niet mocht zijn.

> **'Jarenlang behandelde ik mijn lichaam alsof het niet waard was om zorg voor te dragen. Alsof het er niet mocht zijn.'**

Het begon toen ik tien jaar was. Op dat ogenblik gebeurden er dingen die me het gevoel gaven dat ik niet goed genoeg was om liefde te krijgen. Dingen die een kind van tien absoluut niet kan begrijpen en die ik eerlijk gezegd nog steeds niet begrijp, maar gelukkig na al die jaren wel een plaats heb gegeven. Ik kroop in mijn schulp en ben daar tot mijn 23ste eigenlijk bijna niet meer uit gekomen. Van dat kleine kindje zonder vrees, dat de hele wereld aankon, schoot helaas niet veel, om niet te zeggen niets, meer over.

De jaren nadien ging alles wat zijn gangetje. Ik was namelijk ook een kei in een masker opzetten en naar de buitenwereld doen alsof alles oké was. Ik deed het fantastisch op school, ik was lief voor iedereen, deed alles wat iedereen van me vroeg en antwoordde altijd braaf 'heel goed' op de vraag hoe het met me ging. Niemand hoefde te weten dat ik vele avonden huilend op mijn kamer doorbracht. Langzaam maar zeker begonnen mijn verdriet en negatieve gevoelens echter hun weg te vinden naar mijn lichaamsbeeld. En nestelde het hardnekkige idee dat ik dik en lelijk was zich onverbiddelijk in mijn hoofd.

Toen ik ongeveer vijftien was, besloot ik om af te vallen. Ik was van nature al heel dun en bevond me op de ondergrens van een normaal gewicht. De perfectionist in mij bleek bovendien heel goed te zijn in afvallen, veel te goed. Toch één aspect dat ik volledig onder controle kon houden, dat ik helemaal zelf in handen had. Van de gigantische zoetekauw, die je letterlijk álles kon laten doen in ruil voor een pannenkoek met ijs en chocoladesaus, veranderde ik in een persoon die van geen enkele hap kon genieten. Niets gunde ik mezelf nog. Daarnaast namen eten en mijn gewicht mijn hele gedachtewereld over. Best wel handig, want dan had ik geen tijd meer om andere dingen te voelen of te denken. Dan is er geen tijd en plaats meer om je bezig te houden met de dingen die je zoveel pijn doen.

Hoewel ik ondertussen een pro was geworden in liegen over eten, waren er toch twee alerte vriendinnen en een bezorgd stel ouders die relatief snel aan de alarmbel hebben getrokken. Voor ik het wist, zat ik bij een psychiater, diëtiste en pedagoge. Zelf zag ik echter nog steeds geen probleem. Ik was koppig en boos, omdat iedereen zo'n drama maakte over iets dat er eigenlijk, volgens mij, niet was. Maar wanneer ik mijn moeder een paar dagen later huilend tegen mijn papa hoorde zeggen dat ze dacht dat het haar schuld was, kreeg ik last van schuldgevoelens. Mijn mama doen wenen was wel het laatste wat ik wilde. Dus begon ik weer te eten en kwam ik bij tot het gewicht dat ze mij hadden opgelegd, maar... geen gram meer.

Iedereen kan al wel raden dat dit niet de ideale beweegreden is om te herstellen van anorexia en dat herval bijna onvermijdelijk zou zijn. Rond mijn twintigste, nadat ik mijn eerste twee jaren aan de universiteit leefde op Dr. Oetkerpizza, cornflakes en te veel alcohol, besloot ik dat het tijd werd om toch weer wat gezonder te gaan leven. Ik nam een fitnessabonnement en leerde alles over calorieën, eiwitten, BMR, *if it fits your macros*, enzovoort. Ik was vastbesloten dat ik me niet zou laten vangen door een eetstoornis.

'Hoewel het onschuldig begon, liep ik ook deze keer weer regelrecht in de val, want ook dat "gezond" leven liep volledig uit de hand.'

Hoewel het onschuldig begon, liep ik ook deze keer weer regelrecht in de val, want ook dat 'gezond' leven liep volledig uit de hand. Drie keer een uurtje sporten per week werd al snel dagelijks een uurtje en daarna dagelijks twee uur. En dan vond ik nog dat ik te weinig had gedaan. Als ik had gekund, had ik het liefst de hele dag in de gym doorgebracht. Ik wilde ook wel een kilootje of twee, misschien drie afvallen, maar meer niet, maakte ik mezelf wijs. In de boekjes stond toch altijd dat je om gezond af te vallen 500 kcal minder moet eten dan je verbruikt. Dat deed ik, daar was niets mis mee, toch?

Op zich niet, zou je denken, maar ik flirtte al met de grens van een normaal gewicht. Bovendien berekende ik áltijd exact welke hoeveelheid calorieën, eiwitten, vetten en koolhydraten innemen ideaal zou zijn om toch nog dat beetje af te vallen. In het begin was dit redelijk onschuldig, maar ook hier stak mijn perfectionistische kant weer de kop op. Langzaam maar zeker werd ook dit een dwangmatige strijd om tot op de gram exact te eten wat ik mezelf had opgelegd. Letterlijk, tot op het rijstkorreltje precies, mat ik af wat ik naar binnen werkte.

Voor ik het goed doorhad, stond ik uren heen en weer te lopen in de supermarkt om alle yoghurtpotjes te vergelijken. Smachtend naar alle lekkere dingen die ik zo graag zou willen eten, maar niet meer durfde. Naar slapen kon ik ook fluiten: mijn hoofd was veranderd in een niet te stoppen rekenmachine van calorieën zonder uitknop. Soms stond ik zelfs 's nachts op om een verpakking na te kijken, om te zien of ik wel juist had geteld. Een onbezorgd avondje uit met vriendinnen zat er ook niet meer in. In plaats van plezier te maken hield ik me bezig met de calorieën in mijn glas. Steeds vaker begon ik smoesjes te verzinnen om niet meer met hen mee te gaan. Op restaurant gaan betekende niet meer gezellig samenzijn met mijn familie, maar minutieus mijn eten ontleden om te kunnen berekenen wat ik allemaal naar binnen kreeg. Genieten, ontspannen, rust: ik kon me niet meer voorstellen hoe dat voelde.

'Genieten, ontspannen, rust: ik kon me niet meer voorstellen hoe dat voelde.'

Aan de buitenkant leek het probleem deze keer veel minder groot dan toen ik anorexia had. Ik at toch nog? Ik at 'gewoon' gezond, of toch zoals de fitnesswereld gezond eten voorschrijft. Maar in mijn hoofd was het een regelrechte hel. Uiteindelijk werd het zo erg dat ik tijdens mijn examenperiode volledig ben gecrasht. Bijna drie dagen lang huilde ik non-stop. Ik was op, doodmoe, ik had geen zin meer om te vechten. Ik had geen zin meer om te leven.

Als ik heel eerlijk ben, hoefde het voor mij toen allemaal niet meer. Als ik zo de rest van mijn leven zou moeten verdergaan, dan had ik liever dat het ophield.

‘Ik was op, dood-
moe, ik had geen zin
meer om te vechten.
Ik had geen zin meer
om te leven.’

Mijn laatste examens heb ik niet meer afgelegd, want er zat letterlijk geen energie meer in me. Gelukkig vertrok ik twee dagen na de examenperiode naar Zuid-Afrika om mijn mama te bezoeken, die daar toen een half jaar studeerde. Even weg zijn van alles was precies wat ik op dat moment nodig had. Ik herinner me nog heel levendig dat mijn mama meteen begon te huilen en me vastpakte toen ze me ophaalde aan de luchthaven. Van geluk om me te zien... dacht ik. Pas maanden later vertelde ze me dat het niet gewoon tranen van geluk waren, maar ook tranen van verdriet omdat ze heel bang was om mij te verliezen. Ik zag er blijkbaar zo moe, doodongelukkig en afgeleefd uit dat mijn mama toen voor het eerst écht vreesde dat ik deze keer misschien niet de kracht zou vinden om tegen die rotziekte te vechten. Dat ik deze keer de strijd weleens zou kunnen verliezen.

De tranen rollen weer over mijn wangen terwijl ik dit schrijf. Is het van geluk, of omdat ik blij ben dat de zaken toch helemaal anders zijn uitgedraaid? Of van pijn, omdat ik dat jonge meisje zo graag wil vertellen dat ze veel meer waard is dan ze denkt?

Ik heb geen idee hoe ik het gedaan heb, maar ik ben in ieder geval heel blij dat ik toch nog ergens de kracht heb gevonden om opnieuw te vechten. Omringd door intens veel liefde van mijn mama en stiefpapa en de prachtige natuur in Zuid-Afrika, werd het vechtersvlammetje in mij weer aangewakkerd. Ik besloot dat het deze keer erop of eronder zou zijn. Ik zou nog een laatste keer álles geven wat er in me zat om hiervan af te geraken. Langzaam maar zeker begon ik een beetje te ontspannen en begon er een beetje rust terug te keren in mijn hoofd. Ik zette kleine stapjes om weer te leren genieten. In die veilige, liefdevolle, prachtige, rustgevende omgeving lukte me dit behoorlijk goed...

Bij mijn thuiskomst wachtten mijn herexamens me helaas op, waardoor het weer pijlsnel bergaf ging. Tot mijn therapeut (twee maanden voor ik naar Zuid-Afrika vertrok, was ik na lang aandringen van mijn moeder in therapie gegaan) me de vraag stelde: 'Als je met niemand rekening zou moeten houden en geld geen belang had, wat zou JIJ dan écht willen doen?'

Voor het eerst in mijn leven besefte ik dat ik mezelf deze vraag eigenlijk nog nooit had gesteld. Ik had altijd op automatische piloot geleefd en gedaan wat er van me verwacht werd. Ik was slim en ik wilde mensen helpen. Het zorgzame heeft al altijd in me gezeten en doordat ik veel dokters in de familie heb, lag de keuze voor geneeskunde voor de hand. Ik behaalde zonder veel moeite fantastische punten in mijn bachelor geneeskunde, maar graag deed ik het niet, integendeel. Ik ben niet gemaakt om te werken in de harde medische wereld. De competitiegeest en druk die er heersen waren niet voor mijn hoogsensitieve ziel weggelegd. Stoppen was echter nooit in me opgekomen, want dan zou ik iedereen om me heen teleurstellen en zou ik een mislukkeling zijn.

En tóch, toch besloot ik na die vraag van mijn therapeut, van de ene dag op de andere dat het genoeg was geweest. Nu was het tijd om voor mezelf te gaan leven, om te gaan luisteren naar wat ik zelf echt wilde.

> **'Nu was het tijd om voor mezelf te gaan leven, om te gaan luisteren naar wat ik zelf echt wilde.'**

Het klinkt misschien vreemd, maar nadat ik voor mezelf deze beslissing had genomen, voelde ik een immense last van mijn schouders vallen. Het was alsof ik na heel lang onder water te spartelen eindelijk weer kon bovenkomen om adem te halen. Nu was het aan mij. Voor mij was dit de eerste stap richting écht herstel. Met de hulp van een geweldige therapeut, familie en vrienden werkte ik langzaam maar zeker toe naar een gezonde relatie met mijn eigen lijf en voeding.

Nu, ondertussen bijna vier jaar later, voel ik me sterker dan ooit. Mentaal én fysiek. Ik behandel mijn lichaam met respect en liefde en hoop anderen te kunnen helpen zodat ze dat ook doen.

WAAROM DIT BOEK?

Ik vertel dat lange verhaal over mezelf niet zomaar, maar zodat jij als lezer kan begrijpen waarom ik dit boek juist schrijf. In onze moderne maatschappij word je om de oren geslagen met *summerbody*-plannen, *squat challenges* en online trainingsprogramma's. Die willen je doen geloven dat dat strakke, slanke lichaam je ook ineens gelukkig gaat maken. Transformatiefoto's van mensen die een of ander afslankingsprogramma hebben gevolgd tonen steevast voordien iemand die ongelukkig kijkt en nadien iemand met een *big smile*. Alsof een strak lijf gelijkstaat aan gelukkig zijn...

Newsflash: dat klopt niet. Enkele jaren geleden volgde ik een online coachingprogramma voor mijn blog. Vooral omdat ik op zoek was naar een goed trainingsprogramma voor in de gym, om sterker te worden. Ik volgde het programma zelf maar half, want het werkte met calorieën en macro's tellen. Met mijn verleden besloot ik al snel dat dit geen goed idee was. Ik kwam via dit programma ook terecht in een chatgroepje van allemaal meiden en jongens die het plan samen met mij volgden. Wat mij al snel opviel, is dat velen inderdaad mooie fysieke resultaten boekten. Velen werden slanker, strakker, gespierder en begonnen steeds meer richting die ultieme *dream body* te evolueren. Helaas was er ook een keerzijde. Toen de feestdagen aanbraken, was dit voor velen geen periode van vreugde meer, maar een tijd van stress en angst omdat het niet in hun macro's paste. Uit eten gaan en leuke dingen doen met vrienden werden overschaduwd door angst en schuldgevoel. Sommigen kregen zelfs te maken met eetbuien door het restrictieve omgaan met eten. Wanneer ik vroeg of ze nu oprecht gelukkiger waren, kreeg ik niet het gedroomde antwoord uit de promotiepraatjes. Want bij velen was het antwoord neen, zelfs ongelukkiger. Dan sta je daar, met je strakke lichaam, met wat je altijd dacht nodig te hebben om gelukkig te zijn... Maar uiteindelijk ongelukkiger dan voorheen.

'Dan sta je daar, met je strakke lichaam, met wat je altijd dacht nodig te hebben om gelukkig te zijn... Maar uiteindelijk ongelukkiger dan voorheen.'

Begrijp me niet verkeerd, ik vind bewegen en gezond eten geweldig en ik zou het voor geen geld van de wereld willen missen. Veel van die afslankprogramma's leren je echter enkel en alleen wat de efficiëntste manier is om je droomlichaam te bereiken, maar ze vergeten je te leren hoe je je ook effectief goed in dat lichaam kan voelen. Ze zeggen je hoe het moet, maar vergeten je te leren hoe je hier flexibel mee kan omgaan. Het draait bij de meeste programma's alleen maar om uiterlijk en fysieke resultaten. Dat kan ook anders.

Ik ben ervan overtuigd dat als je leert houden van je lichaam, je lichaam vanzelf gezond en fit wordt. Houden van je lichaam houdt voor mij namelijk in dat je leert zorg te dragen voor je lichaam door te bewegen en gezond te eten, maar tegelijkertijd ook zorgt voor je geest door te genieten van lekkers als je daar zin in hebt, en te rusten wanneer je lijf er nood aan heeft. Van je lichaam houden betekent dat je op zoek gaat naar een gezonde levensstijl die voor jou goed aanvoelt, die je veel energie geeft, waarin plaats is voor genieten en plaats is voor plezier. Geen restricties, geen moeten, maar willen en mogen.

In dit boek wil ik jou dan ook in de eerste plaats helpen om een positieve relatie met je lichaam te ontwikkelen en vanuit een positief standpunt zorg te dragen voor dat lijf. Ik heb er zelf heel lang naar gezocht, maar ik ben blij dat ik die balans gevonden heb en ik hoop dat jij hetzelfde kan doen.

'Het draait bij de meeste programma's alleen maar om uiterlijk en fysieke resultaten en ik ben ervan overtuigd dat het ook anders kan.'

REEBOK

DEEL

01

fit mind

01

INLEIDING

Je goed in je vel voelen in een wereld waarin Photoshop en filters de plak zwaaien, waarin buikspieren bijna verafgood worden en waarin volgens de media een extreem onrealistisch schoonheidsideaal heerst, blijkt niet eenvoudig te zijn. Uit een onderzoek van Dove bleek dat 88% van de volwassen vrouwen en 92% van de adolescente vrouwen iets aan haar lichaam zou willen veranderen, en gewicht prijkt hierbij op nummer één.

'Uit een onderzoek van Dove bleek dat 88% van de volwassen vrouwen en 92% van de adolescente vrouwen iets aan haar lichaam zou willen veranderen, en gewicht prijkt hierbij op nummer één.'

Tja, ik vind dat niet zo moeilijk te begrijpen. Tegenwoordig duikt om de haverklap een of ander miraculeus dieet op. Massaal zijn we op zoek naar methoden om dat ideale lichaam te bereiken. Allemaal willen we die slanke benen, volle bips en platte buik, en als het kan het liefst ook met een sixpack erbij.

Op zich is hier niets mis mee, ware het niet dat men je wil doen geloven dat slank zijn gelijkstaat aan gelukkig zijn. Dat het bereiken van je droomlichaam je in één klap gelukkig zal maken. Maar is dat wel zo?

IS DAT PERFECTE LICHAAM WEL ZO PERFECT?

Ik heb het ook jarenlang gedacht. Nog één kilootje er af, en dán ga ik gelukkig zijn. Nog een beetje duidelijker zichtbare buikspieren en dan kan ik weer lachen. Die kilo's gingen er wel af en ik had een sixpack om u tegen te zeggen. Ik had misschien zelfs wel het lichaam dat men als ideaalbeeld in de media naar voren schuift. Maar gelukkig? Neen, dat was ik niet. Zoals ik in de inleiding al aangaf, was ik niet alleen en hoorde ik van vele anderen dat ze na het volgen van een dieet of trainingsprogramma misschien wel strakker in hun vel zaten, maar dat ze zich eigenlijk helemaal niet beter voelden en soms zelfs ongelukkiger waren dan voordien.

> **'Op Instagram en Facebook laat iedereen zich van zijn állermooiste kant, van de juiste hoek, op het juiste moment zien, met liefst nog een mooi filtertje en hier en daar misschien wat (of veel) Photoshop.'**

WAAR LOOPT HET DAN TOCH MIS?

Helaas leven we tegenwoordig in een cultuur waarin de kont van Kim Kardashian en de lippen van Kylie Jenner meer aandacht krijgen in de media dan baanbrekend kankeronderzoek of de grote hongersnood in Jemen. We leven in een cultuur waarin we overspoeld worden door uiterlijk vertoon zonder inhoud. Het gaat zelfs zo ver dat lipinjecties en kontimplantaten door bekende Vlamingen en Nederlanders schaamteloos gepromoot worden op Instagram, alsof het zoete broodjes zijn.

Het is niet eenvoudig om te onthouden wat ons nu écht als mens waardevol maakt in een wereld waarin uiterlijk vertoon zo overmatig veel aandacht krijgt. We worden bijna geconditioneerd om te denken dat mooi en slank zijn belangrijker is dan vriendelijk, verstandig, onzelfzuchtig, zorgzaam en nog zoveel meer. Het tegendeel is echter waar. Als ik je vraag waarom je je beste vrienden zo graag ziet, is dat dan omdat ze mooi zijn? Zou je ze minder graag zien als ze 10 kilogram bijkwamen, of liever zien als ze wat zouden afvallen? Nee toch? Waarom denken we dan bij onszelf zo dikwijls dat we meer waard zijn met enkele kilootjes meer of minder? Waarom laten we ons zelfvertrouwen zo dikwijls afhangen van iets dat zo veranderlijk en eigenlijk onbelangrijk is?

Een gezonde levensstijl begint in mijn ogen in je hoofd, daarom ook dat ik dit 'healthy lifestyle'-boek start met een hoofdstuk mindset.

> **'De juiste mindset is the key to success.'**

02

OP WEG NAAR EEN GEZONDER ZELFBEELD EN LICHAAMSBEELD

Een gezond lichaamsbeeld betekent dat je je lichaam 100% leert accepteren en respecteren zoals het op dit moment is, zonder dat je daar iets aan hoeft te veranderen. Dit betekent niet dat je niets aan je lichaam mag veranderen, wél dat je je lichaam leert waarderen en respecteren ongeacht welke vorm of maat het heeft.

Want je lichaam is zoveel meer dan enkel een getal op de weegschaal. Het laat je toe om je geliefden te knuffelen, om je favoriete sport te beoefenen, om te lachen, te luisteren naar je lievelingsmuziek, om te dansen en te zingen... Je lichaam verdient altijd evenveel respect, zowel met een kilootje meer als met een kilootje minder. Extreem diëten, overmatig sporten of jezelf nooit meer toestaan om zorgeloos te genieten staan haaks op een respectvolle omgang met je lichaam.

Je zelfvertrouwen en lichaamsbeeld zijn onlosmakelijk met elkaar verbonden. Een laag zelfvertrouwen zal dikwijls zorgen voor een negatief lichaamsbeeld, terwijl een negatief lichaamsbeeld op zijn beurt invloed kan hebben op ons zelfvertrouwen. We denken vaak dat hoe we ons lichaam waarnemen enkel bepaald wordt door hoe het eruitziet aan de buitenkant, door de fysieke realiteit. Dit klopt niet. Toen ik vijftien kilogram lichter woog, zag ik mezelf als lelijk en te dik. Nu weeg ik vijftien kilogram meer en toch ervaar ik mijn lichaam als dunner dan toen. Ook nu nog kan ik de ene dag in de spiegel kijken en denken: *damn girl, looking good,* en de volgende dag, met exact hetzelfde lichaam en geen grammetje meer of minder denken: *pfffff, wa is dees?* Er is geen fysiek verschil, maar wel een enorm verschil in perceptie.

‘Zelfvertrouwen start in je hoofd, niet in de spiegel.’

Zelfvertrouwen start in je hoofd, niet in de spiegel. Hoe je over jezelf denkt en hoe je je voelt heeft een enorme invloed op je lichaamsbeeld. Hopen dat je plots op een miraculeuze wijze zelfvertrouwen gaat krijgen als je enkel iets aan je uiterlijk doet, zonder iets te doen aan het dieperliggende zelfvertrouwen, is eigenlijk verloren moeite.

In de kern gaat zelfvertrouwen over waardigheid. Iemand met een gezond zelfvertrouwen heeft het diepe besef: ik mag er zijn zoals ik ben. Het is een diep gevoel dat je liefde en geluk waard bent gewoon om wie je bent. Het gaat erom dat je vertrouwen hebt in je eigen sterktes en capaciteiten, maar dat je tegelijkertijd je eigen tekortkomingen en minpuntjes accepteert.

Zelfvertrouwen zou eigenlijk los moeten staan van factoren als geld, prestaties, opleiding, gewicht, status of andere veranderlijke factoren, maar helaas is dit niet altijd zo. Wanneer het diepe besef dat je goed genoeg bent zoals je bent er niet is, ga je je zelfvertrouwen dikwijls laten afhangen van andere, oppervlakkigere factoren. Dit maakt dat of je je goed voelt over jezelf wel erg fragiel en veranderlijk wordt. Zo gebeurt het dat een vrouw heel goedgezind opstaat, op de weegschaal gaat staan en vervolgens de hele dag slechtgezind rondloopt, omdat dat getal niet is wat ze had gehoopt. Zelf heb ik mijn leven ook jarenlang laten

terroriseren door de weegschaal. Zonde toch, dat we zoveel capaciteiten hebben die er écht toe doen, maar dat we ons zelfvertrouwen en humeur dikwijls laten afhangen van iets met zo weinig betekenis?

Een beter lichaamsbeeld en meer zelfvertrouwen creëren is helaas niet altijd even eenvoudig, maar het is wel mogelijk.

‘Zonde toch, dat we zoveel capaciteiten hebben die er écht toe doen, maar dat we ons zelfvertrouwen en humeur dikwijls laten afhangen van iets met zo weinig betekenis?’

HOE KAN IK EEN POSITIEVER ZELFBEELD CREËREN?

FOCUS OP DE POSITIEVE ASPECTEN VAN JE LICHAAM

Maar al te vaak focussen we op wat we níét leuk vinden aan ons lichaam. Te brede heupen, te korte benen, te dikke buik, enzovoort. Zo dikwijls staren we ons blind op al onze imperfecties dat we *the big picture* uit het oog verliezen en vergeten dat er ook nog zoveel is waar we ons lichaam dankbaar voor mogen zijn.

Om die focus te verleggen en te leren je lichaam als meer te zien dan de som van kleine imperfecties kan je de volgende oefening doen:

Schrijf minstens vijf positieve aspecten op van je lichaam, zaken waarvoor je je lichaam dankbaar bent.

Dit mag zowel gaan over je gezondheid, als over de functionaliteit of uiterlijke aspecten die je wél mooi vindt aan je lichaam. Ik denk maar aan dankbaar zijn dat je kan gaan en staan waar je wil dankzij je benen, dat je kan dansen, dat je kan lachen… Denk hier echt goed over na en probeer factoren te vinden die voor jou echt heel waardevol zijn. Ik sport bijvoorbeeld bijzonder graag en ben dan ook dankbaar dat ik een gezond lichaam heb dat dit kan. Schrijf van minstens twee van deze facetten ook op waarom je er precies dankbaar voor bent, wat dat voor jou betekent. Vijf factoren is een minimum, maar hoe meer je er vindt, hoe beter natuurlijk! Als je je dan nog eens negatief voelt ten opzichte van je lichaam, pak je dat lijstje erbij en lees je het nog eens na.

> 'Too many people undervalue what they are, and overvalue what they're not.'

VERGELIJK JEZELF MINDER MET ANDEREN

We doen het allemaal, onszelf vergelijken met anderen. Het is iets menselijks en heel normaal. Als ik kijk naar de generatie van mijn ouders en grootouders, dan werd men in die tijd enkel geconfronteerd met de mensen uit het dorp, met het echte leven en de directe omgeving.

Maar met de komst van sociale media heeft een heel andere vorm van (overmatig) vergelijken zijn intrede gedaan. Iedereen laat zich op sociale media van zijn beste kant zien, laat alleen de leukste momenten en meest bijzondere dingen in zijn leven zien, waardoor je misschien verkeerdelijk kan gaan denken dat dit de realiteit is. Sociale media toont echter meestal enkel de mooiste 10% van de realiteit. Het 'gewone' en het minder leuke aan het leven zie je er veel minder. Wanneer je dan je eigen leven gaat vergelijken met dat van anderen op sociale media creëer je een compleet foutief referentiekader en kan je bijna niet anders

dan ongelukkig zijn. Het leven van anderen is namelijk ook lang niet zo perfect als het lijkt. En ook al beseffen we dit ergens wel, toch laten we ons dikwijls erg hard beïnvloeden door wat we op sociale media vernemen.

> **'Sociale media zijn niet de realiteit, maar enkel de mooiste 10% van de realiteit.'**

Het blijft dus belangrijk om je hiervan bewust te zijn. Er schuilt zoveel meer achter de socialmediaprofielen van mensen dan wat je aan de oppervlakte ziet. Stop met je eigen leven te vergelijken met dat van anderen op sociale media, want het maakt je echt niet gelukkig. Veel slimmer is het om bij jezelf na te gaan wat jóú gelukkig maakt, wat voor jou belangrijk is, wat jij nodig hebt en hoe jij vooruitgang wil maken in het leven. Er zal áltijd wel iemand zijn op de wereld die het beter heeft, maar dat betekent niet dat jij niet gelukkig kan zijn.

Doe eens de volgende oefening als test:

Schrijf 5 dingen op die je heel graag wil kunnen/hebben/bereiken

1. ....
2. ....
3. ....
4. ....
5. ....

Heb je allemaal dingen opgeschreven die je nog niet hebt of nog niet kan?

Waarschijnlijk wel, hè. En inderdaad, we focussen dikwijls enkel op wat we niet hebben of niet kunnen, waardoor we soms jaloers zijn op wat anderen wel hebben of wel kunnen. Beter is om stil te staan bij de dingen die we ooit ook heel graag wilden hebben of kunnen. Maar ondertussen wél al kunnen of hebben.

Herhaal dus nog eens de vorige oefening, maar schrijf deze keer vijf dingen op die je ooit heel graag wilde bereiken, maar ondertussen ook al bereikt hebt.

REEBOK

03
DOELEN STELLEN

ALLES BEGINT BIJ EEN POSITIEVE MINDSET

In mijn ogen start alles bij een positieve mindset, maar helaas vertrekken de meesten vaak vanuit een negatief standpunt. Mensen die willen afvallen, hoor ik bijna altijd praten in termen van 'moeten' en 'niet mogen'. Ik mag geen taart eten, ik moet gaan sporten, ik mag geen koolhydraten eten, ik mag niet snoepen... Bijna alle diëten werken met het schrappen van bepaalde voedingsmiddelen of -groepen die 'niet toegestaan' of 'slecht' zijn.

Maar wanneer ik je vraag om niet aan een roze olifant te denken, wat gebeurt er dan? Dan denk je inderdaad aan een roze olifant. Net hetzelfde geldt voor voeding. Jezelf verbieden om bepaalde dingen te eten zorgt er dikwijls alleen maar voor dat je er nog meer naar zal verlangen. Maar hoe moet het dan wel?

Laat me even beginnen bij het begin. Een van de oudste en meest onderzochte psychologische principes in de gedragsverandering is bekrachtiging. De meest efficiënte manier om gedrag te veranderen is positief gedrag bekrachtigen, oftewel belonen en negatief gedrag negeren. Positief bekrachtigen van positieve gedragingen is véél efficiënter dan het straffen voor negatief gedrag in het proces van gedragsverandering. Maar wanneer we kijken naar mensen die diëten, gebeurt vaak net het omgekeerde.

Het volgende voorbeeld illustreert perfect wat ik hiermee bedoel: *Heel veel mensen die diëten, eten de hele dag gezond, maar wanneer ze eens een keertje 'uit de bocht gaan' en iets eten wat eigenlijk binnen hun dieet niet mag, komt bij hen dikwijls de volgende gedachte boven: ik heb het vandaag nu toch al verpest, dus maakt het toch niet meer uit wat ik nu doe en kan ik evengoed nog meer lekkers eten. Daarna eten ze dikwijls nog meer lekkers, wat éígenlijk het negatieve, voorafgaande gedrag – dat ze net willen verminderen – positief bekrachtigt of beloont, waardoor het dus alleen maar sterker wordt. Bovendien blijven ze dan vaak met een schuldgevoel zitten en gaan ze de volgende dag extra hard diëten als straf voor het 'foutieve' gedrag... wat op zijn beurt niet helpt en er alleen maar toe leidt dat ze weer uit de bocht gaan. Daarnaast is aandacht eigenlijk ook een vorm van positieve bekrachtiging. Hoe meer aandacht je aan bepaalde gedragingen geeft, hoe meer deze gedragingen gestimuleerd worden. Als je dus de hele dag goed gedrag vertoont en dit eigenlijk negeert, maar nadien al je aandacht geeft aan die ene misstap 's avonds, zal net dit gedrag versterkt worden.*

Moraal van het verhaal: besteed meer aandacht aan goed gedrag en beloon jezelf voor wat je wél goed doet, in plaats van jezelf te straffen en je slecht te voelen om wat misgaat. Op die manier zullen geleidelijk aan net die positieve gedragingen toenemen en negatieve gedragingen afnemen.

> 'Besteed meer aandacht aan goed gedrag en beloon jezelf voor wat je wél goed doet, in plaats van jezelf te straffen en je slecht te voelen om wat misgaat.'

Ook wat gezond eten en sporten betreft werkt het beter om te vertrekken vanuit een positieve mindset. Niet vanuit 'moeten' en 'niet mogen', maar vanuit 'willen' en 'kiezen'. Hiermee zet je eerst en vooral jezelf weer aan het roer. Geen externe regeltjes die bepalen wat je wel en niet mag, maar jij die bewust positieve keuzes leert maken uit respect voor je eigen lichaam.

Niet vanuit 'moeten' en 'niet mogen', maar vanuit 'willen' en 'kiezen'.

Ik val meteen al maar met de deur in huis: in dit boek ga ik niet al te veel praten over gewicht of over hoe je gewicht moet verliezen. Waarom niet? Gewicht is geen gedrag. In principe heb je geen directe invloed op je gewicht en is je gewicht ook afhankelijk van veel andere factoren die je zelf niet helemaal in de hand hebt (bijvoorbeeld hormonen, stress, vochtbalans...). Bovendien zegt je gewicht niets over jou als persoon en vind ik het geen adequate maatstaf voor gezondheid.

Ik krijg heel dikwijls de opmerking dat ik wel gemakkelijk spreken heb, omdat ik het geluk heb dat ik lang en slank ben. Maar wat dan met mensen die wel wat kilootjes te veel met zich meedragen? Moeten die dan niet focussen op gewicht?

Ik vind van niet. Ik ben ervan overtuigd dat wanneer je écht zorg leert dragen voor je lichaam, dat je ook wel een gezond gewicht bereikt. Leer wat gezond eten juist inhoudt en zet dit ook in de praktijk om. Leer ook met je emoties om te gaan zonder voeding als troost te gaan gebruiken. Oefen daarnaast in goed luisteren naar de honger- en verzadigingssignalen van je lichaam en leer tot slot bewegen uit liefde voor je lijf en op een manier die jij leuk vindt. Dan zal je gewicht vanzelf een gezonde balans vinden.

De focus op het gewicht leggen zorgt er vaak ook voor dat je pas tevreden of trots kan zijn als je je doelgewicht hebt bereikt. Als je dan al tevreden bent tenminste, want helaas kan er voor de meeste mensen toch áltijd nog 'een klein beetje' af. Bovendien creëer je met strenge diëten geen positieve en blijvende gedragsverandering, maar dikwijls eerder een negatief gedragspatroon van jojo-diëten. De meeste mensen die een streng dieet volgen, zijn binnen het jaar, en dikwijls zelfs veel sneller, weer op hun oude gewicht en leven helemaal niet gezonder... waarna ze opnieuw gaan diëten en zo in een vicieuze cirkel belanden.

Ik ben veel meer voorstander van een geleidelijke en blijvende gedragsverandering. Op die manier kan je een gezonde levensstijl creëren die je ook kan blijven volhouden. Of je daarmee het droomlichaam gaat verkrijgen dat de maatschappij verheerlijkt? *Maybe, maybe not*... Maar *who cares*? Iedere persoon is anders, de ene is van nature wat dunner, de andere misschien iets zwaarder, maar allemaal mogen we er zijn en zijn we evenveel waard. Leren zorg dragen voor je lijf. Een goed gevoel creëren van binnenuit zal je veel verder brengen dan het perfecte lijf volgens de media je ooit gaat doen.

Hoe ziet jouw droomwereld eruit?
Voor we aan het volgende hoofdstuk beginnen is het even aan jou om eens na te denken over jouw droomwereld.

Neem een blad papier en maak een mindmap van jouw droomwereld, zoals in het voorbeeld. Ga voor jezelf en voor alle levensdomeinen eens na wat het ideale scenario is. Wat zou jij hier in het komende jaar graag aan willen veranderen?

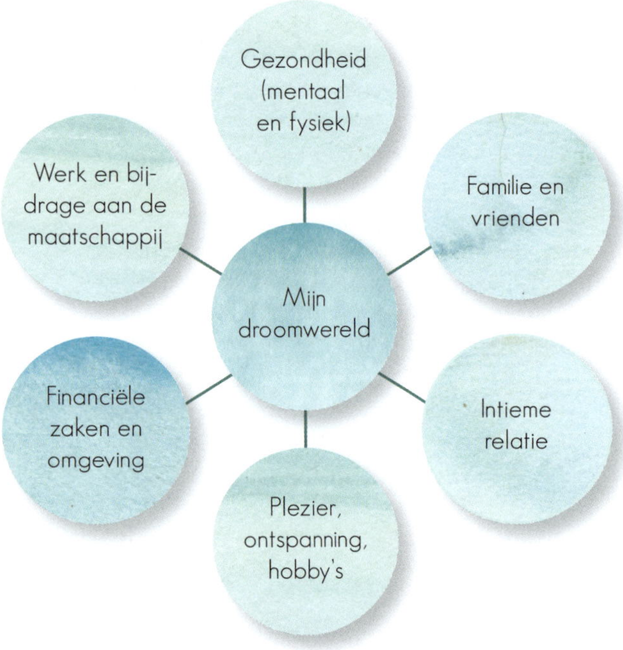

Het kan goed zijn dat je nu echt een heel blad hebt volgeschreven met allemaal dromen en doelen. Dat is oké. Wat wel belangrijk is, is dat je ook prioriteiten leert stellen. Je kan niet álles tegelijk. Probeer daarom eens te bedenken welke van al deze domeinen voor jou op dit moment het belangrijkste is. Wat je écht het liefste wil. (Dat wil niet zeggen dat je aan alle andere dingen niet mag werken, maar wél dat eentje ervan de prioriteit en het meeste aandacht verdient.)

Heb je de droom gekozen die voor jou op dit moment de belangrijkste is? Top, dan kunnen we hiermee verder.

Maak hiermee jouw droomplan:

MIJN DROOMPLAN

Mijn droom is:

Om deze droom te realiseren kan ik volgende doelen stellen:

Om deze doelen te bereiken kan ik volgende stappen ondernemen:

Dit is belangrijk voor mij, omdat:

'Fall asleep with a dream, wake up with a purpose.'

GOEDE DOELEN STELLEN

Nu je voor jezelf duidelijk hebt gemaakt wat je grote droom is, kan je een plan maken om hier naartoe te werken en leren prioriteiten te stellen. Dit boek is gericht op het levensdomein gezondheid, dus ik zal het voornamelijk hebben over doelen die binnen dit levensdomein vallen, maar je kan dit evengoed toepassen op andere levensdomeinen.

Eerst en vooral gaan we eens een kijkje nemen naar de doelen die je hebt opgeschreven. Zijn deze doelen SMART-goals? *Eh what? Let me explain!*

SMART GOALS

SPECIFIC: Wees duidelijk en concreet in het beschrijven van je doel. Probeer jezelf bij het stellen van een doel de 5 W-vragen te stellen om te concretiseren: wie, wat, waar, wanneer, waarom? Een voorbeeld: 'Ik wil meer fruit eten' is niet specifiek. Beter is: 'Ik ga deze maand op weekdagen bij het ontbijt en tijdens mijn pauze telkens een stuk fruit eten.'

MEASURABLE: Zorg dat je doel meetbaar is en dat je objectief kan vaststellen dat je je doel hebt bereikt. Daarvoor is het dus belangrijk dat je doel specifiek is. 'Ik wil meer bewegen' is dus géén goed doel, want dit kan je niet eenvoudig meten. 'Ik wil drie keer gaan lopen deze week' is daarentegen wél eenvoudig meetbaar.

ACHIEVABLE: Wees realistisch en zorg dat je doel haalbaar is. Als je nog nooit gesport hebt, is het niet slim om als doel te stellen: 'Ik wil binnen een maand een halve marathon kunnen lopen'. Dat is simpelweg niet realistisch.

RELEVANT: Denk na over wat écht belangrijk voor je is op dit moment en stel doelen die in lijn liggen met dit grotere doel, in plaats van op te veel verschillende dingen tegelijk te focussen in je leven.

TIMELY: Voeg een tijdsindicatie aan je doelen toe, zodat je kan plannen en na die tijd kan evalueren of je je doel hebt behaald. 'Ik wil een halve marathon lopen' is geen goed doel. 'Ik wil op 6 oktober een halve marathon lopen' is wél een goed doel, want je kan een concreet plan maken om je tegen die datum klaar te stomen. Nadien kan je dan evalueren of het je is gelukt.

Kijk eens terug naar wat je bij de vorige 'droom'-opdracht hebt ingevuld. Voldoen je doelen aan deze eisen? Zo nee, denk dan eens na over hoe je deze doelen kan omvormen naar een SMART-goal. Zo verhoog je je kansen op succes.

Probeer daarnaast eens na te gaan of je doelen op een positieve manier geformuleerd zijn en probeer de woorden 'niet' of 'nooit' te vermijden in je goal-setting. In plaats van te focussen op negatief gedrag dat je niet meer wil, focus je beter op alternatief gedrag dat je net wél wil. (Stel dus niet als doel 'ik wil geen koekjes eten deze week', maar focus je eerder op wat je als alternatief wel kan doen, bijvoorbeeld 'ik wil deze week een stuk fruit als tussendoortje nemen'.)

Op deze manier zal je verschillende, stapsgewijze SMART-goals stellen in de richting van je droom. Door bovendien bepaalde doelen veel te herhalen (bijvoorbeeld twee stukken fruit te eten per dag), kan dit gedrag uiteindelijk een gewoonte worden en hoef je hier niet meer bij na te denken. Zo kom je stap voor stap steeds dichter bij wat je écht wil.

DOELEN PLANNEN

Nu je je doelen hebt bedacht is het ook belangrijk om deze doelen goed te plannen, zowel op korte termijn als op langere termijn. Want hoewel je veel verschillende doelen mag hebben, is het ook belangrijk om hier orde in te scheppen. Je kan niet alles tegelijk…

In de vorige opdracht heb je al je doelen en de nodige tussenstappen opgeschreven. Nu ga je eigenlijk telkens één groter doel en eventueel twee kleinere doelen kiezen die je focus krijgen op langere termijn (per maand) en op kortere termijn (per week).

Hoofddoel deze maand:

....

....

....

....

Klein doel:

....

....

....

....

Klein doel:

....

....

....

....

....

Hoofddoel deze week:

....

....

....

....

Klein doel:

....

....

....

....

Klein doel:

....

....

....

....

....

De doelen kunnen bepaalde zaken zijn die je eenmalig moet doen (bijvoorbeeld een goede sportschool zoeken) of gedragingen die je op lange termijn wil volhouden (bijvoorbeeld drie keer per week naar de sportschool gaan).
Aan het einde van elke week en maand kijk je of je je doelen hebt gehaald. Als je je doel niet hebt gehaald is het belangrijk om na te gaan hoe dit precies komt. Was je doel niet realistisch en moet je het wat bijstellen?

Heb je bepaalde hindernissen ondervonden? Zo ja, kan je er iets aan doen, zodat het volgende keer wel lukt?

Heb je je doel wel bereikt, sta er dan even bij stil hoe dit liep. Was het heel eenvoudig en kan je misschien al een stapje verder gaan richting je grote doel? Of liep het toch nog wat moeizaam en kan je beter hierop blijven oefenen tot het vlot lukt en dan pas een stap verder gaan?

Bepaal op deze manier wat je doelen voor de volgende week/maand kunnen zijn. En zo ga je weer verder.

PROPER
Corn
PEANUT BUTTER
& ALMOND
POPCORN

04
BALANS VINDEN

Doelen stellen is belangrijk, maar leg de lat voor jezelf niet te hoog en probeer bij het stellen van je doelen in je achterhoofd te houden dat er ook nog plaats moet zijn voor genieten. Zoals ik in de inleiding al aangaf is de zoektocht naar balans voor mij niet bepaald eenvoudig geweest. Meermaals liep ik zelf tegen de lamp, van veel te weinig eten, naar veel te veel uitgaan, alcohol drinken en junkfood eten, weer naar veel te weinig eten. Ik vond maar geen gulden middenweg… Toch ben ik blijven zoeken en kan ik zeggen dat ik die eindelijk gevonden heb.

Ik merk heel sterk in mijn omgeving dat ik niet de enige ben die hiermee worstelt. Heel veel mensen besluiten op een bepaald moment dat ze gezond willen gaan leven en vliegen er met volle moed in… om dan een paar weken later weer in hun oude gewoontes te hervallen. De grootste valkuil van de meesten is niet enkel dat ze vanuit een negatief standpunt vertrekken, zoals ik hierboven al aangaf, maar ook dat ze veel te streng zijn en daardoor een soort 'alles of niets'-mentaliteit creëren die niet vol te houden valt. 100% gezond eten is absoluut niet nodig om gezond te zijn en daar word je ook gewoon niet gelukkig van.

'Een gezonde levensstijl hoeft genieten helemaal niet uit te sluiten.'

Een gezonde levensstijl hoeft genieten helemaal niet uit te sluiten. Ik kan van mezelf zeggen dat ik heel gezond en fit ben, maar dat ik in de zomer ook bijna dagelijks een ijsje eet als het mooi weer is en bijna wekelijks wel pizza eet… Waarom? Omdat ik dit gewoon enorm graag lust en hier gelukkig van word. Genieten en een gezonde levensstijl kunnen hand in hand gaan, je moet gewoon uitzoeken wat dit voor jou precies inhoudt.

80/20-PRINCIPE

Zelf hanteer ik het 80/20-principe, dit wil zeggen dat ik 80% van de tijd gezond eet en er de andere 20% niet echt op let. Niet dat ik dit zo exact ga afmeten, maar over het algemeen probeer ik op normale weekdagen mijn voeding gezond te houden en let ik er in het weekend niet echt op, al kan dat wisselen van week tot week.

Betekent dat dat ik me elk weekend breinloos volstop? Natuurlijk niet. Of ik nu gezond eet of niet, ik probeer wel altijd naar mijn verzadigingsgevoel te luisteren. Als ik genoeg heb probeer ik ook te stoppen, of mijn bord op restaurant nu leeg is of niet, of mijn pizza nu op is of niet (*just kidding, that never happens,* pizza gaat er altijd helemaal in). Wat ik niet meer op krijg, laat ik gewoon liggen. Soms eet ik uiteraard ook wel eens te veel, *I'm not perfect, nobody is.* Maar dat is oké.

BEWUST ETEN

Tegenwoordig zijn we met zoveel dingen tegelijk bezig dat echt bewust stilstaan bij wat we eten niet meer lukt. We eten wat we gewoon zijn, wat ons aangeleerd werd en wat we kennen. We eten eigenlijk dikwijls zonder dat we erbij nadenken, met onze smartphone in de hand of voor de televisie.

Om echt in balans te komen is het belangrijk dat je weer goed in contact komt te staan met je eigen lichaam. Dat je leert de signalen die je lichaam geeft juist te interpreteren.

> **Stel jezelf voor het eten de vraag of je echt honger hebt, of eerder trek, of dat je eigenlijk gewoon uit verveling of gewoonte aan het eten bent?**

Als je echt **honger** hebt, dan is het uiteraard slim om te eten en je lichaam van een maaltijd te voorzien met voldoende voedingsstoffen.

Als het eerder **trek** of goesting is, probeer dan eens na te gaan waar dit gevoel vandaan komt. Want dikwijls is er een betere oplossing dan te beginnen eten. Zo krijg ik bijvoorbeeld altijd enorme trek in zoetigheden als ik heel moe ben. Vermoeidheid los je alleen niet op door chocolade of zoetigheden te eten, maar een dutje of vroeg in bed kruipen zal in dat geval veel beter werken. Ik zeg niet dat ik nooit toegeef en een koekje eet of zo, maar toch probeer ik er dan ook alert voor te zijn om ook de achterliggende oorzaak, of de reden die me zo'n trek geeft op te lossen. Er is natuurlijk niet altijd een reden voor, soms heb je gewoon écht trek in een ijsje of een pizza of weet ik veel wat anders... Probeer dan gewoon je gezond verstand te gebruiken. Als je verder gezond eet, kan het echt geen kwaad om gewoon eens toe te geven aan die trek! Geniet er dan gewoon van.

Is het eerder uit **verveling**? Probeer dan iets anders te vinden om je mee bezig te houden.

SOS EETBUIEN

Eetbuien zijn een veelvoorkomend probleem waar ik zelf ook al mee te maken heb gehad. Eetbuien kunnen verschillende oorzaken hebben, zowel emotioneel als fysiek. Maar heel dikwijls ligt de oorzaak bij een te streng dieet. Het gebeurt vaak dat mensen tegen me klagen dat hun dieet wel lukt voor een bepaalde tijd, maar dat ze dan plots de mist in gaan en de hele snoepkast erdoor jagen. Zoals ik eerder al aangaf werkt té restrictief zijn voor jezelf en je dingen helemaal verbieden averechts en zorgt het net voor nog verhoogde drang. Wees dus niet te streng voor jezelf en ontzeg jezelf de dingen die je écht graag lust niet volledig.

Naast een te streng dieet kunnen ook andere emotionele zaken aan de basis liggen van eetbuien. In dit geval is het belangrijk om iets aan de oorzaak te doen, want eten zal het probleem niet oplossen.

Het volgende **'Cheat Sheet'** kan je helpen om van je eetbuien af te geraken:

EERSTE HULP BIJ EETBUIEN

VOORKOMEN IS BETER DAN GENEZEN, VOORKOM DE EETBUIEN DOOR:

- Regelmatig te eten, zodat je niet te veel honger krijgt
- Geen te restrictieve diëten te volgen
- Voldoende te slapen
- Voldoende te bewegen, maar ook niet overmatig veel
- Voldoende te ontspannen
- Niet te veel ongezonde snacks en dergelijke in huis te halen

VOEL JE TOCH DE DRANG OPKOMEN TOT EEN EETBUI?

- Schrijf je gedachten op in een boekje en probeer je gevoelens te achterhalen.
  - In welke situatie bevind ik me, wat triggert me mogelijk?
  - Wat voel ik?
  - Kan ik hier iets aan doen?
  - Kan iemand me hierbij helpen?
- Helpt dit nog niet? Probeer dan afleiding te zoeken.
  - Ga wandelen
  - Zoek gezelschap op
  - Luister naar muziek
  - Bekijk je favoriete serie
  - ...

TOCH EEN EETBUI GEHAD? DOE DAN HET VOLGENDE

- Probeer de trigger te achterhalen en de situatie te schetsen.
  - In welke situatie bevond ik me, wat heeft me mogelijk getriggerd?
  - Wat voelde ik?
  - Had ik hier iets anders aan kunnen doen?
  - Kan ik deze situatie in de toekomst vermijden?
  - Kan iemand me hierbij helpen?

(P.S. Heb je het gevoel dat je de eetbuien echt totaal niet meer onder controle hebt, aarzel dan niet om professionele hulp in te schakelen.)

WANNEER IS GEZOND TE GEZOND?

Net zoals ongezond eten te ongezond kan zijn, kan gezond eten ook té gezond zijn. Te is nooit goed, ook niet wanneer het op gezond eten aankomt. Soms heb je zelf echter niet door dat je gezonde leventje een beetje uit de hand loopt. Check daarom eens even welke van de volgende stellingen op jou van toepassing zijn.

Zijn meer dan vier van deze stellingen op jou van toepassing? Dan is het een goed idee om jezelf een halt toe te roepen en hulp te zoeken als het nodig is. Het leven is echt te kort om je zo te laten beheersen door voeding. Bovendien is het niet nodig: om gezond te zijn hoef je er niet zo obsessief mee bezig te zijn.

ZIJN DE VOLGENDE STELLINGEN OP JOU VAN TOEPASSING?

- Ik check compulsief de ingrediënten en voedingswaarden van producten
- Ik ben extreem bezorgd over de gezondheidseffecten van bepaalde ingrediënten (zoals suiker en vet)
- Ik elimineer een stijgend aantal productenuit mijn voedingspatroon (bijvoorbeeld suikers en koolhydraten...)
- Ik kan uren per dag voorafgaand aan een event (bijvoorbeeld verjaardag, kerst...) piekeren over wat er te eten zal worden geserveerd
- Ik word angstig wanneer mijn 'veilige' voedingsmiddelen niet beschikbaar zijn (bijvoorbeeld op vakantie, in het hotel...)
- Ik volg obsessief healthy lifestyle blogs op Instagram en Twitter en check ze uren per dag
- Ik ben erg bezig met hoe mijn lichaam eruitziet

Trust me... I know.

WORKOUT
DURATION
WHAT'S ON MY MIND
TODAY I'M GRATEFUL FOR

05
EEN POSITIEVE MINDSET

We streven altijd naar meer, naar beter. We stellen doelen, we willen vooruit. En dat is oké. Maar het streven naar meer en beter doet ons soms vergeten dat er ook nu al zoveel is waar we dankbaar en gelukkig om kunnen zijn.

> ‘The secret to having it all, is believing you already do.’

Bovendien beschouwen we maar al te vaak alles wat goed gaat als vanzelfsprekend en gewoon normaal, waardoor we er minder aandacht aan besteden. We maken ons altijd meer druk over wat niet goed gaat. Natuurlijk is het normaal dat het leven niet altijd rozengeur en maneschijn is, dat er minder leuke dingen gebeuren en dat er soms dingen tegenvallen…

En dat is oké. Het is ook perfect oké om je af en toe druk te maken, om verdrietig te zijn en om te huilen als het nodig is.

Maar het is en blijft belangrijk om jezelf hierin niet te verliezen. Een positieve mindset helpt je heel erg om sterk in het leven te staan, maakt je weerbaarder en leert je om het goede te zien, zelfs op slechtere dagen.

DANKBAARHEID OEFENEN

Dat je bijvoorbeeld een lekker warm huis hebt, dat je kan gaan en staan waar je wil, dat je fysiek in staat bent om te sporten… Het zijn dingen die wij soms als zo normaal beschouwen, maar toch is dit niet voor iedereen op de wereld even ‘gewoon’. Ik weet nog dat ik in Zuid-Afrika in contact kwam met een *rastafarian community*. Een community die wij zouden zien als erg arm… En tóch voelde het alsof zij veel rijker waren. Ze hadden amper iets, maar toch waren ze oprecht gelukkig. Omdat ze niet zaten te piekeren over wat ze niet hadden, maar oprecht dankbaar waren voor wat ze wel hadden en dit ook dagelijks toonden.

Dikwijls beseffen we enkel hoe waardevol de dingen zijn die we hebben, wanneer we ze plots niet meer hebben. We beseffen pas dat we dankbaar mogen zijn voor onze gezondheid, als we ziek worden. We beseffen pas dat een warme thuis helemaal niet zo vanzelfsprekend is, als we geconfronteerd worden met mensen die dit moeten missen.

‘Je bent niet dankbaar omdat je gelukkig bent, maar gelukkig omdat je dankbaar bent.’

Je hoort mensen soms wel zeggen dat geluk in de kleine dingen zit. En dit is ook écht zo, maar we zien het soms niet. Door regelmatig bewust stil te staan bij de dingen waarvoor we dankbaar mogen zijn, gaan we ons brein eigenlijk leren om weer aandacht te besteden aan al die kleine dingen. Hierdoor word je minder materialistisch, omdat je blijer bent met de dingen die je al hebt. Je gaat je bovendien minder vergelijken met anderen en ervaart minder negatieve emoties.

Ik hoor je denken: jajaja, klinkt allemaal wel leuk, maar euh… HOE DAN? De volgende oefeningen kunnen je hierbij helpen.

DRIE OEFENINGEN VOOR MEER DANKBAARHEID EN POSITIVITEIT

01

BEGIN JE DAG MET EEN DANKBARE GEDACHTE:
Probeer elke ochtend, als je net wakker bent, iets te bedenken waarvoor je dankbaar bent die dag. Hoe klein het ook is, al is het een lekker warme douche, je koffie in de morgen, een warme kom havermout, een kus van je lief, het maakt niet uit wat het is, als het maar een positieve gedachte is. Zo start je je dag dankbaar en open je je geest voor het positieve in de rest van de dag.

02

BEN JE IEMAND DANKBAAR? ZEG HET DAN!
'Dankbaar zijn en het niet zeggen, dat is zoiets als een cadeautje mooi inpakken en het niet geven'. Een simpele 'dankjewel', kan zoveel verschil maken, en toch zeggen we het zo weinig. Bedank eens iemand voor dingen die we normaal zo vanzelfsprekend vinden. Bedank iemand voor een leuk gesprek, een warme koffie, een helpende hand… Laat eens een post-itje achter met dankjewel of stuur een berichtje. Je dankbaarheid tonen aan anderen maakt hun dag niet alleen beter, maar zorgt er ook voor dat je bewuster dankbaar bent voor wat anderen voor je doen.

03

EINDIG JE DAG DANKBAAR.
Schrijf elke avond drie dingen op in een schriftje waar je dankbaar voor bent in de vorm van 'ik ben dankbaar voor…'. Het duurt maar 2 minuutjes, maar het kan écht een verschil maken.

Het kan best zijn dat je in het begin wat moeite hebt om dingen te bedenken, maar je zal merken dat je ook in dankbaar zijn beter wordt. Piekeren kan je problemen erger maken, maar dankbaarheid doet het omgekeerde: hoe meer je bewust aandacht besteedt aan dankbaar zijn, hoe meer dingen je zal zien waar je dankbaar om kan zijn. Op die manier bouw je eigenlijk ook een soort van emotionele reserve op voor wanneer het tegenzit. Je krijgt veel meer oog voor wat wel goed gaat, voor wat wel goed zit, voor alle leuke en fijne dingen, hoe groot of klein ze ook zijn. Je leert om te midden van al je doelen, van alles wat je nog meer wil of wil verbeteren, ook blij te zijn met wat er nu al is, met wat je nu al hebt, met wat je nu al kan en met wie je nu al bent.

'A moment of gratitude makes a difference in your attitude.'

MINDFULNESS

Mindful zijn betekent leven in het hier en nu. Dit klinkt wat zweverig misschien, maar we leven eigenlijk maar al te vaak op automatische piloot. We zijn altijd druk in de weer, zijn met van alles tegelijk bezig en zijn ons dikwijls echt niet bewust van wat er zich allemaal in onszelf en in onze omgeving afspeelt. Onze gedachten zitten bovendien vaak vast in het verleden of de toekomst. Mindfulness leert je om bewust te zijn van jezelf en de wereld om je heen. Het leert je je aandacht te richten op het heden in plaats van op de toekomst of het verleden.

Probeer dagelijks 5 à 10 minuutjes tijd te maken om tot rust te komen door een van de volgende oefeningen te doen:

MINDFUL ADEMHALEN

01. Ga zitten in een gemakkelijke houding. Op een stoel, een bank of op een andere plek die jij fijn vindt. Je zit actief en toch ontspannen.

02. Houd je ogen open. Adem een paar keer diep in en uit. Sluit vervolgens je ogen.

03. Richt je aandacht op je ademhaling. Probeer rustig in en uit te ademen. Voel hoe de lucht in en uit je lichaam stroomt en hoe je lichaam meebeweegt.

04. Houd dit 5 à 10 minuten vast. Er zullen zeker en vast gedachtes in je opkomen, en dat is oké. Neem de gedachte waar en richt je aandacht dan weer volledig op je ademhaling. Doe dit elke keer dat er een gedachte opkomt.

05. Open je ogen en voel de verandering in je lichaam.

DOEN MET AANDACHT

01. Kies een activiteit of handeling waar je je volle aandacht op gaat richten. Dit kan iets alledaags zijn als tandenpoetsen, douchen, eten...

02. Geef 100% aandacht aan het uitvoeren van deze activiteit.

03. Wat zie je, voel je, hoor je, proef je?

04. Komt er een gedachte op? Dit is normaal. Neem dit waar, accepteer het en breng vervolgens je aandacht terug naar de activiteit.

FOCUS

01. Kies een willekeurig klein voorwerp uit in je directe omgeving, zoals een lepel, een schelp, een balpen of een steentje.

02. Kijk gedurende 10 seconden of meer naar dit voorwerp. Richt je volledige aandacht op het voorwerp.

03. Kijk en voel de structuur, het type materiaal en de temperatuur.

04. Dwalen je gedachten terug af? Richt je aandacht weer volledig op het voorwerp.

05. Hoe sterker je de aandacht richt, hoe sterker je focus wordt. En dat is weer mooi meegenomen voor je productiviteit overdag! Herhaal de oefening elke dag een of meerdere keren.

Nog een laatste klein hulpmiddel dat mij veel geholpen heeft, is de app ‘headspace’ voor op je gsm (er zijn ook andere mindfulnessapps beschikbaar!). Je kan ‘m gratis downloaden in de appstore en je leert stap voor stap hoe je heel eenvoudig aan mindfulness kan doen, 10 minuutjes per dag.

06
SLAAP

Wanneer het gaat over gezond en fit zijn denken mensen bijna meteen aan sporten en gezond leven. Één minstens even belangrijke, maar helaas ook de meest onderschatte factor, is slaap.

Als je slaap niet goed zit, geef je jezelf eigenlijk sowieso al een valse start. Gemiddeld gezien heeft een mens 7 à 9 uren slaap nodig. Dat verschilt van persoon tot persoon. Ik weet bijvoorbeeld dat ik van kleins af aan al minder slaap nodig heb dan mijn zus. Hoe ouder je wordt, hoe minder slaap je eigenlijk nodig hebt. Hoe actiever je bent en hoe drukker je leven is, hoe meer slaap je echter nodig hebt om goed te herstellen. Helaas blijkt dat erg veel mensen minder slapen dan nodig om optimaal te functioneren. Zonde!

Een slaaptekort heeft een negatieve invloed op enorm veel factoren die je gezondheid en fitheid bepalen. Een van de belangrijkste elementen hierin is de verhoging van het stresshormoon, cortisol. Cortisol speelt een belangrijke rol in erg veel lichamelijke processen en een chronische verhoging hiervan kan een bijzonder negatieve impact hebben.

WAT ZIJN DE GEVOLGEN VAN EEN TEKORT AAN SLAAP?

GEVOLGEN VOOR JE ATLETISCHE PRESTATIES

- Je hebt minder energie en je snelheid, uithoudingsvermogen en precisie verminderen.
- Je herstelt veel minder goed van een zware training.

GEVOLGEN VOOR JE GEWICHT

- Slaaptekort leidt tot gewichtstoename door een verhoogde stressrespons en een verstoring van de hormoonhuishouding.
- Je zal eerder spieren afbreken dan vet wanneer je een calorietekort hebt, door onderdrukking van spieropbouwende hormonen.

GEVOLGEN VOOR JE LICHAMELIJKE GEZONDHEID

- Een chronisch slaaptekort zorgt voor een snellere veroudering en snellere achteruitgang van de hersenfuncties.
- Een chronisch slaaptekort zorgt voor een hogere bloeddruk en verhoogt de kans op diabetes.
- Op lange termijn geeft slaaptekort een verhoogde kans op kanker en gastro-intestinale problemen en zal het voor een algemeen verslechterde gezondheidstoestand zorgen.
- Je immuunsysteem functioneert minder goed, waardoor je sneller ziek wordt.

COGNITIEVE GEVOLGEN

- Je aandacht, geheugen en reactietijd zullen slechter worden.

Bizar hé, de invloed van slaaptekort kan zo negatief zijn voor je lichaam en geest. En tóch is dit een van de factoren waar we dikwijls helemaal geen rekening mee houden als we fitter willen worden. Wanneer we het druk hebben, lijdt onze slaap er als eerste onder. Maar net dìt heeft een negatieve invloed op alles wat volgt. Zoals ik hierboven ook al aangaf is slaap bovendien essentieel voor spierherstel. Wil je dus sterker worden en een goede conditie opbouwen, dan is je slaap minstens even belangrijk als je trainingen zelf.

TIPS VOOR EEN GOEDE NACHTRUST

01. Zorg voor een regelmatig slaappatroon.

02. Vermijd blauw licht minstens 30 minuten voor het slapengaan. Het blauwe licht van je tv-scherm, laptop of je telefoon verstoort de melatonineproductie.

03. Eet geen zware maaltijd vlak voor je gaat slapen en vermijd suikers voor het slapengaan.

04. Sport niet te laat op de avond, dit zorgt ervoor dat je meer adrenaline en endorfines aanmaakt, die opwekkend werken.

05. Drink geen alcohol om beter te kunnen slapen. Je valt misschien sneller in slaap, maar je hebt een veel slechtere slaapkwaliteit, waardoor je toch minder uitgerust wakker zal worden.

06. Wanneer je erg druk bent in je hoofd, probeer dan eens de ademhalingsoefening zoals beschreven in het luik over mindfulness om tot rust te komen (zie p. 51).

07. Zorg voor een goede matras en een goed hoofdkussen.

DEEL

02

fit body

01
INLEIDING

Hoe je het ook draait of keert, de moderne mens beweegt veel te weinig en zit veel te veel. De mens is slim, zo slim, dat we doorheen de evolutie allemaal zaken hebben uitgevonden die ons het leven makkelijker maken. We kunnen overal naartoe met de auto, computers en fabrieken vervangen gedeeltelijk de handenarbeid die we vroeger vooral zelf moesten leveren. De vaatwasmachine doet de afwas wel voor ons, we brengen de avond door voor onze tv, in plaats van in de sportclub, kinderen spelen op de tablet, in plaats van in de speeltuin… Allemaal heel handig natuurlijk, maar dat maakt de moderne mens ook vooral heel lui. Zitten wordt wel eens het nieuwe roken genoemd. En dat is misschien ook niet zo verwonderlijk.

Ik hoor sommigen misschien al denken: *o, maar ik sport elke dag, dan is het toch niet zo erg dat ik voor de rest veel zit!?* Helaas. Af en toe een uurtje sporten doet de negatieve impact van langdurig zitten niet teniet. Ga je in de ochtend hardlopen, maar kom je de rest van de dag niet van je stoel af, dan ben je eigenlijk helemaal niet goed bezig.

Uit onderzoek blijkt dat vooral lang zitten zonder pauze een sterke, negatieve impact heeft op je lichaam. Elke 30 minuten even rechtstaan en de benen strekken kan deze negatieve impact sterk verminderen. Daarnaast kan je het best het aantal zituren per dag beperken tot minder dan 8 uur.

Dat is natuurlijk makkelijker gezegd dan gedaan, zeker als je een kantoorjob hebt, of als je nog studeert. Ik heb hier alvast enkele tips voor je om je te helpen wat minder tijd zittend door te brengen.

tip

Ik heb zelf een *activity tracker* die me eraan herinnert even recht te staan als ik weer te lang zit en ik moet toegeven dat dit helpt.

MAAR WAAROM MOET IK DAN SPORTEN?

BEWEGEN HEEFT GIGANTISCH VEEL VOORDELEN VOOR JE LICHAAM

- Bewegen heeft een positieve invloed op je gewicht, bloeddruk en bloedsuikerspiegel.
- Je zal gezonder oud worden. Sporten in je jonge jaren zorgt ervoor dat je sterke spieren en botten ontwikkelt en je zo op latere leeftijd veel langer fit en sterk kan blijven. Bewegen zorgt voor minder rugpijn en minder gewrichtsklachten (mits je natuurlijk verstandig sport ☺).
- Je hebt minder kans op darmkanker, borstkanker, osteoporose, diabetes type 2, hart- en vaatziekten en nog zoveel meer.

En, oh ja, alsof dat nog niet genoeg is om meteen die sportkleren aan te trekken, er is ook nog dit:

BEWEGEN MAAKT JE NIET ALLEEN FYSIEK, MAAR OOK MENTAAL STERK

- Er komen endorfines vrij, waardoor je je gelukkiger voelt en je krijgt meer energie.
- Je kan beter slapen, maar geraakt ook gemakkelijker weer uit bed.
- Je wordt stressbestendiger en staat positiever in het leven. Bovendien beschermt bewegen je tegen depressie.
- Je concentratie verbetert.
- Je krijgt meer zelfvertrouwen.
- Sporten met je partner of vrienden zorgt voor een sterkere persoonlijke band.
- In een sportclub sporten zorgt ervoor dat je nieuwe mensen leert kennen en vrienden kan maken.

I don't know about you… Maar ik vind dat wel reden genoeg om die sportschoenen aan te trekken! *Are you with me? Let's go!*

WAAROM SPORT IK EIGENLIJK?

Sporten doet mij leven.
Ik sport, omdat ik in dat uurtje, dat ik met gewichten kan smijten of door de bossen kan lopen, even ál mijn zorgen vergeet. Ik sport, omdat het gevoel dat ik krijg als ik weer een nieuwe PR (Personal Record) behaal, onbeschrijflijk is. Ik sport, omdat het me niet alleen fysiek, maar ook mentaal sterker maakt. Ik sport, omdat ik voel dat ik echt lééf als ik het zweet over mijn rug voel lopen en mijn hart voel bonzen. Ik sport, omdat ik hierbij mijn eigen grenzen kan verleggen, mezelf kan verbazen en dingen leer waarvan ik nooit gedacht had dat ik ze ooit zou kunnen. Ik sport, omdat ik dankzij mijn sport fantastische mensen heb leren kennen, die ik anders nooit had gekend. Ik sport, omdat ik het gevoel heb dat ik de hele wereld aan kan als ik K.O. op de grond lig na een flinke workout. Ik sport, omdat het me de energie geeft om de dagelijkse stress de baas te kunnen. Ik sport, ook als ik me mentaal wat minder goed voel, omdat ik weet dat ik me na een sportsessie zoveel beter zal voelen. Ik sport, omdat als ik de zonsopgang tegemoet loop, nog voor de wereld ontwaakt, terwijl de hertjes in het bos me begroeten, dit me gewoon een magisch gevoel geeft. Ik sport, omdat het me gelukkig maakt…

En jij?

In de volgende drie delen help ik jullie op weg naar

1. Een betere conditie
2. Een sterker lichaam
3. Een betere flexibiliteit

Daarna geef ik een beetje uitleg over hoe je dit allemaal het best kan combineren.

02

IK WIL EEN BETERE CONDITIE

CARDIOVASCULAIRE TRAINING

Vol goede moed beslis je dat het tijd is om iets te doen aan je conditie en trek je je sportschoenen aan. Muziekje op, strak sportpakje aan en je vliegt de deur uit…

Alleen maar om 400 meter later al hijgend en puffend weer tot stilstand te komen en te beseffen dat het écht wel erger met je conditie gesteld is dan je dacht. *Trust me, I know how it feels.* Ik heb ook ooit mijn periode gehad waarin ik 'chillen' stoerder vond dan sporten en mijn conditie een absoluut dieptepunt bereikt had. Niet bepaald de meest fijne ervaring om na een kort loopje meteen het deksel op de neus te krijgen, net wanneer je vol goede moed gestart was en iets aan je conditie wilde doen. Voor sommigen vormt dit helaas een reden om na die eerste poging die schoenen weer op te bergen op de plek waar ze al jaren onder het stof zaten.

Maar niet voor jou. Want jou ga ik veilig op weg helpen naar een betere conditie!

Met conditie wordt eigenlijk de mogelijkheid van een persoon bedoeld om intensieve inspanningen vol te houden oftewel het fysieke uithoudingsvermogen. Een betere conditie krijg je door middel van cardiovasculaire training of 'cardio'. Cardiotraining is essentieel voor een gezond stel longen, voor een goede werking van hart en bloedvaten.

WAT BEDOELT MEN MET 'CARDIO'?

'CARDIO' OF CARDIOVASCULAIRE TRAINING is een vorm van training die vooral gericht is op het opbouwen van conditie of uithoudingsvermogen. Belangrijk hierbij is een verhoging van de hartslag en beweging van de grote skeletspieren. Bij cardio denken we voornamelijk aan hardlopen, fietsen, roeien, zwemmen…

Het belangrijkste element bij cardio is dat je hartslag gedurende een langere periode omhooggaat. Dit kan op twee manieren:

- **STEADY STATE CARDIO:** hierbij zal je je hele work-out een continue, gelijkmatige inspanning leveren.

- **INTERVALTRAINING:** hierbij zal je in je work-out periodes van hogere intensiteit afwisselen met lagere intensiteit. HIIT (High Intensity Interval Training) is tegenwoordig bijvoorbeeld heel populair.

HOE MEET JE DE INTENSITEIT VAN EEN CARDIOWORK-OUT?

De intensiteit van een cardiowork-out wordt meestal bepaald aan de hand van een **PERCENTAGE VAN JE MAXIMALE HARTSLAG**. Je maximale hartslag is gemiddeld gezien gelijk aan 226 min je leeftijd, maar dit verschilt sterk van persoon tot persoon. Je kan de maximale hartslag veel nauwkeuriger laten bepalen met een inspanningstest.

50-60% HRMAX (ZONE 1)	Zeer lichte intensiteit, dagelijkse activiteiten, wandelen...	Algemene gezondheid en herstel
60-70% HRMAX (ZONE 2)	Lichte intensiteit: stevig doorwandelen, licht joggen, rustig fietsen...	Vetverbrandingszone en herstel
70-80% HRMAX (ZONE 3)	Gemiddelde intensiteit: hardlopen, aan een hoger tempo fietsen, roeien...	Verbetering conditie
80-90% HRMAX (ZONE 4)	Hoge intensiteit: zware tempolopen, intervaltraining met langere intervallen	Verbetering vermogen om langdurig zeer intensieve inspanningen vol te houden
90-100% HRMAX (ZONE 5)	Maximale inspanning: spurten, intervaltraining met heel korte intervallen	Maximale capaciteit

Hoe hoger de hartslag, hoe minder lang je de inspanning kan volhouden en hoe meer tijd je lichaam eigenlijk nodig zal hebben om te herstellen van je training.

WAT IS ER BETER? STEADY STATE CARDIO OF INTERVALTRAINING?

HIIT-training heeft de laatste jaren ontzettend gewonnen aan populariteit, en dat is begrijpelijk. Het is bewezen dat een heel korte HIIT work-out zoals een 'tabata' van 4 minuten (zie kader) al een heel sterke positieve invloed heeft op je hart- en longcapaciteit. HIIT boost ook je metabolisme en staat vooral bekend om 'the afterburn', doordat je je lichaam zo hard tot het uiterste pusht en je lichaam in de hoogste positie van zuurstofnood plaatst, schakelt je metabolisme een versnelling hoger. Je verbranding schiet de hoogte in en je blijft lang na je work-out nog meer verbranden. Je kan dus met een heel korte training toch wat positieve gevolgen van een lange cardiosessie meepikken. Dit soort training is ideaal voor mensen met weinig tijd.

WAT IS EEN TABATA-WORK-OUT?

Een tabatawork-out is een heel bekende vorm van HIIT. Hierbij wissel je 20 seconden aan maximale intensiteit, 'all out', af met 10 seconden 'rust' of zeer lage intensiteit. Dit kan bijvoorbeeld zijn door 20 seconden all-out te sprinten op de fiets en dan 10 seconden heel rustig door trappen. Net zo goed kan je 20 seconden zo snel mogelijk een andere oefening zoals bijvoorbeeld burpees, squats, box jumps,... doen, afgewisseld met 10 seconden rust. Dit herhaal je acht keer. In totaal duurt de work-out dus maar 4 minuten en toch heeft het een erg positieve invloed op je lichaam.

Toch is HIIT niet voor iedereen en niet voor elke dag.

- HIIT vereist toch al een basisconditie zodat je in staat bent om zo'n intensieve inspanningen te kunnen leveren.
- Door de heel krachtige inspanning is er bij HIIT ook een grotere kans op blessures.
- Een zware HIIT-training is heel belastend voor je lichaam, waardoor je soms 2 tot 3 dagen hersteltijd nodig hebt.
- Voor mensen met hartritmestoornissen, astma of iets dergelijks kan het gevaarlijk zijn en is het dus geen optie. Ga daarom dus áltijd eerst naar een arts voor je aan dit soort trainingen begint.

Steady state cardio heeft dus zeker ook nog een belangrijke plaats in een gezond leven.

- Je herstelt veel sneller van een rustige steady state training dan een HIIT-training.
- Steady state cardio is nog steeds een fantastische manier om je conditie te verbeteren, met minder kans op blessures bij beginnende sporters.
- Hoewel HIIT je hart- en longcapaciteit wel verbetert, is het voor het verbeteren van je conditie voor meer langdurige inspanningen ook nodig om langere trainingen te doen.
- Steady state cardio aan lagere intensiteit heeft het meest beschermende effect tegen depressie, zeker wanneer deze trainingen in de natuur worden afgewerkt.

Beide hebben ze dus voor- en nadelen, ik wissel dan ook graag af tussen beide!

Om je conditie te verbeteren met steady state cardio zou je minstens 20 à 30 minuten aan 70 à 80% van je maximale hartslag moeten sporten. Je hoeft trouwens niet per se je hartslag te meten. Bij 70 à 80% van je maximale hartslag krijg je het warm en begin je te zweten, maar kan je wel nog een normaal gesprek voeren.

FULL BODY HIIT WORK-OUT
Een intervaltraining kan je altijd doen op een cardiotoestel of natuurlijk buiten al lopend, fietsend… maar je kan ook gewoon thuis een leuke HIIT bodyweight work-out doen.

Bodyweight work-outs vind ik zelf super omdat je er niets voor nodig hebt en je ze overal kan doen: in je woonkamer, in de tuin, op je hotelkamer, op het strand…

Deze full body work-out is een hele fijne work-out om je hartslag de hoogte in te jagen en je hele lichaam aan het werk te zetten. Hij duurt slechts 17 minuten, maar ik kan je beloven dat je na die 17 minuten je hart zal voelen bonzen en je spieren zal voelen branden.

Deze work-out is een intervalwork-out, dat wil zeggen dat je ook wel écht hard mag gaan. Zoals je ziet wordt de actieve tijd elke ronde een beetje korter. Dit wil niet zeggen dat het gemakkelijker wordt, maar net dat je elke ronde aan een nog hogere intensiteit gaat proberen te werken. *Push yourself,* de laatste ronde duurt nog maar 2 minuten in totaal, dat betekent 2 minuten álles geven dat je in je hebt en dan mag je lekker uitblazen.

FULL BODY HIIT WORK-OUT

WARM-UP	RONDE 1	RONDE 2	RONDE 3
Snel ter plaatse rennen	30 sec	30 sec	30 sec
Air squats	30 sec	30 sec	30 sec
High knees	30 sec	30 sec	30 sec
RUST			
	30 sec	30 sec	60 sec

RUST 60 SECONDEN

WORK-OUT	RONDE 1	RONDE 2	RONDE 3
Jumping squats	40 sec	30 sec	20 sec
Shoulder taps	40 sec	30 sec	20 sec
Burpees	40 sec	30 sec	20 sec
Plank push-ups	40 sec	30 sec	20 sec
Jumping jacks	40 sec	30 sec	20 sec
Mountain climbers	40 sec	30 sec	20 sec
RUST			
	90 sec	90 sec	...

01
Jumping squats

Begin in een squathouding en spring explosief omhoog, land weer in squathouding en herhaal. Probeer zo hoog mogelijk te springen en zo zacht mogelijk te landen.

02
Shoulder taps

Begin in plankhouding met je armen gestrekt. Zet je voeten iets breder dan schouderbreedte. Tik vervolgens afwisselend je linker-schouder aan met je rechterhand en omgekeerd. Span je core goed aan om ervoor te zorgen dat enkel je arm beweegt en dat de rest van je lichaam zo stabiel mogelijk blijft.

03
Burpees

Begin rechtstaand, buig door je knieën, breng je handen naar de grond en spring met je voeten naar achteren. Laat je zakken door je armen tot je met je borst tot op de grond ligt, druk je omhoog en spring met je voeten weer naar je handen. Spring vervolgens krachtig omhoog en herhaal.

04
Plank push up

Begin in plankhouding steunend op je ellebogen. Duw jezelf vervolgens op naar een hoge plank. Probeer bij elke herhaling af te wisselen van arm waarmee je jezelf opdrukt.

05
Jumping Jacks

Begin rechtopstaand, je armen langs je lichaam. Spring vervolgens met je armen en benen gestrekt uit elkaar. Spring vervolgens weer naar de beginpositie.

06
Mountain climbers

Ga in de plankhouding staan en breng je rechterknie naar je rechterelleboog. Spring vervolgens met je rechterbeen weer naar achter, terwijl je met je linkerknie naar je linkerelleboog beweegt.

'You either hate it, or you love it... Maar ik heb geleerd dat je er ook van kan leren houden.'

HARDLOPEN ALS CARDIO

Zoals ik in het begin al zei: de eerste keer dat je je hardloopschoenen aantrekt is meestal niet de prettigste ervaring. En dat is nog zacht uitgedrukt, want voor de meesten onder ons is hardlopen in het begin gewoon de hel. Dat snap ik helemaal, ik vond dat ook. Het is niet tof om na 5 minuten al buiten adem te zijn en het gevoel te hebben dat een schildpad je zou kunnen inhalen.

Maar eens je door die zure appel heen gebeten hebt en je voelt dat je conditie de goede kant uit gaat, en dat het steeds makkelijker begint te gaan... *That's where the magic happens.* Genieten.

Er bestaan inderdaad nog enorm veel andere manieren om je conditie te verbeteren, maar ik ben zelf een enorme fan van hardlopen en wil er in mijn boek ook wat meer aandacht aan besteden. Waarom?

- Hardlopen kan je overal, of je nu thuis bent of op vakantie: *the world is your runway.*
- Hardlopen kost niet veel, je hebt geen duur abonnement nodig.
- Van nature is de mens eigenlijk gebouwd om te kunnen lopen. *'Baby, we were born to run'*, zoals Bruce Springsteen zingt.
- Je komt in de buitenlucht.

01/

LOOP NIET TE HARD VAN STAPEL

'Go hard or go home, right?'

Of ja, dat dacht ik toch altijd. Gewoon gaan met die banaan tot ik niet meer kan. Dan maak ik het meeste progressie, toch?

Als je je richt op een doel, dan wil je hiervoor natuurlijk hard trainen. Veel mensen lopen veel te hard van stapel wanneer ze beginnen met hardlopen en eindigen binnen de kortste keren met een blessure. Het probleem bij hardlopen is dat je hart en longen zich eigenlijk sneller aanpassen aan het hardlopen dan je gewrichten. Daarom is het nodig om traag en gestaag op te bouwen. Zo worden je gewrichten niet meteen overbelast en voorkom je blessures. Een eenvoudige vuistregel hierbij is om het totale aantal kilometers per week niet met meer dan 10% te verhogen (dus als je de ene week in totaal 15 km hardloopt, de volgende week niet meer dan 16,5 km hardlopen alles bij elkaar). Op een bepaald moment ga je het gevoel krijgen dat je nog wel verder kan, maar je houdt je het best aan deze regel als je geen blessures wil.

Daarnaast denk je misschien dat je het meeste progressie maakt als je gewoon altijd álles geeft, maar niets is minder waar. Langzame trainingen zijn ook net nodig om sneller te worden.

Ehhh wat? Trager lopen... om sneller te worden. Dat houdt geen steek.

Ik leg het even uit:

Zware trainingen zorgen altijd voor spierschade en een hoge belasting van je hart en longen. Op zich is dit natuurlijk niet erg, maar je lijf heeft veel tijd nodig om van zo'n training te herstellen. (Meer uitleg vind je in het kader op p. 81). Als je altijd snel loopt, gun je je lichaam de tijd niet die het nodig heeft om te herstellen. Langzame trainingen bevorderen net herstel en behoeden je voor overtraining.

Daarnaast hebben de langzame loopjes een andere invloed op je conditie dan de snellere runs: ze zorgen voor een betere zuurstofvoorziening en vergroten de glycogeenvoorraad van je spieren. Je zal dus steeds efficiënter energie produceren. Op interval- of tempotrainingen na loop je dus het best wat trager. Een gemakkelijke vuistregel luidt: je moet nog een normale conversatie kunnen voeren tijdens het hardlopen.

tip

Houd je ademhaling onder controle tijdens het hardlopen door 3 stappen in te ademen en vervolgens weer 3 à 4 stappen uit te ademen.

HOE HARDER IK SPORT, HOE MEER RESULTAAT, TOCH?!

Té is nooit goed. Hoewel sporten gezond is, is te veel sporten dat niet. Na elke training heeft je lichaam voldoende tijd nodig om te herstellen. Gemiddeld gezien duurt het zo'n 24 (erg rustige training) tot zelfs 72 uur (zeer intensieve training) voor je spieren hersteld zijn van een training, afhankelijk van de intensiteit. Atleten hebben doorgaans wel minder hersteltijd nodig dan beginnende sporters.

Om dit te verduidelijken probeer ik op een eenvoudige manier uit te leggen wat er eigenlijk gebeurt met je lichaam als je gaat sporten.

- Tijdens een training beschadig je eigenlijk een beetje je spieren (in de vorm van microscheurtjes) en verstoor je het evenwicht.
- Je lichaam vindt dit eigenlijk niet zo leuk (in moeilijkere termen: je lichaam wil eigenlijk altijd de homeostase bewaren) en wil vermijden dat het de volgende keer weer zo zal afzien.
- Daarom zorgt je lichaam ervoor dat je spier niet alleen weer herstelt, maar dat hij sterker wordt opgebouwd als voorheen, zodat het volgende keer gemakkelijker zal gaan (adaptatie).
- Beetje bij beetje zal je zo steeds sneller kunnen lopen of je gewicht (bij krachttraining) kunnen verhogen en zullen je spieren zich steeds sterker weer opbouwen (progressieve adaptatie).

Op de grafiek hiernaast toont het groene lijntje dat het prestatievermogen (in kracht of uithouding) van de spier steeds groter wordt wanneer de trainingsprikkel gegeven wordt als de spier voldoende hersteld is.
Het rode lijntje toont echter wat er gebeurt als je je spier gaat belasten wanneer deze nog niet hersteld is: in plaats van sterker te worden, zal deze net minder sterk worden en gaat je kracht/snelheid progressief achteruit. In dat geval is er sprake van overtraining of overbelasting.

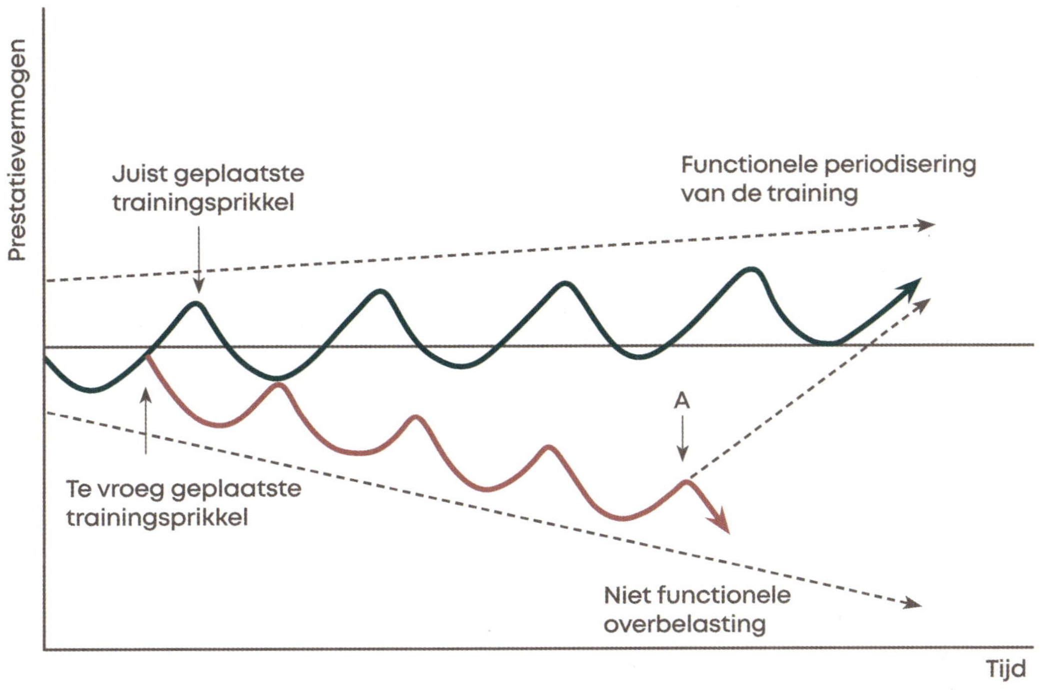

Méér is dus niet altijd beter, meer trainen betekent niet altijd meer vooruitgang. Slim trainen en je trainingen zo indelen dat je voldoende rust krijgt tussen trainingen door is de *key to success*. Oh ja, het omgekeerde geldt natuurlijk ook. Té lang wachten voor een volgende training zorgt ervoor dat je lichaam zich weer aan de 'normale' situatie zal aanpassen in plaats van aan de training. Daarom wordt het aangeraden om toch zeker 2 à 3 keer per week te trainen om progressie te maken.

02/

LOOP OP DE JUISTE SCHOENEN

'Gudrun, wat zijn nu eigenlijk de beste hardloopschoenen?' 'Oh, dat zijn mooie loopschoenen, waar heb je die gekocht?' 'Hé, lopen die nieuwe hardloopschoenen van je lekker?'

Zo dikwijls krijg ik vragen over wat nu eigenlijk goede hardloopschoenen zijn. Het antwoord hierop bestaat eigenlijk niet. Er bestaat niet zoiets als dé ideale hardloopschoen voor iedereen. Iedere mens is anders gebouwd en iedere mens heeft een ander looppatroon. Wat voor mij dus een goede schoen is, is het daarom niet per se voor jou. Eén ding is zeker: 'mooi' is in ieder geval niet de belangrijkste factor bij de aankoop van hardloopschoenen. En dure schoenen zijn niet noodzakelijk goede schoenen voor jou.

De impact op je knie- en enkelgewricht bij het hardlopen is gelijk aan 8 keer je eigen lichaamsgewicht bij elke stap. Je gewrichten krijgen dus heel wat te verduren. De juiste schoen zorgt ervoor dat de impact niet alleen verminderd wordt, maar ook juist verdeeld wordt, zodat niet één bepaald punt overbelast wordt. Ik adviseer daarom ook altijd om je schoenen te halen bij een gespecialiseerde loopzaak zoals Runnerslab of Runnersworld, waar ze je door middel van een loopanalyse de juiste schoen kunnen aanmeten. (De analyse is trouwens meestal gratis.)

Je hoeft nu niet meteen voor je eerste run al naar de winkel te rennen voor een dure sportoutfit. Maar als je merkt dat je serieus bent over hardlopen en dit wel vaker wil doen, is het verstandig om toch ook te investeren in goede loopkledij die comfortabel zit, in een goed ademende stof.

03/

DOELEN STELLEN

'She turned her can'ts into cans and her dreams into plans.'

Zoals ik in het vorige hoofdstuk al aanhaalde, werkt doelen stellen om je motivatie te verhogen. Bij mezelf merk ik ook dat ik consistenter train als ik weet waarvoor ik het doe, als ik een richting heb om naartoe te werken.

Denk eens na wat voor jou een leuk doel zou kunnen zijn. Zelf vind ik het heel motiverend om me in te schrijven voor een run-event en ernaartoe te werken. Of dit nu een 5 km is, een 10 km, een *ten miles*, een halve marathon of een hele marathon. Zoek op het internet een leuk event waaraan je zou kunnen meedoen. Zorg ervoor dat je doel realistisch is: als je een beginner bent moet je niet als doel stellen een marathon te lopen binnen 3 maanden, dat is gewoon idioot.

PS: *Remember*, maak je doelen S.M.A.R.T!

TIPS OM EEN REALISTISCH HARDLOOPDOEL TE STELLEN:

01. Neem de afstand die je nu al gemakkelijk kan hardlopen aan één stuk (voor een volledige beginner neem je hier 0) en reken minimaal 3 maanden training per 5 kilometer die je aan deze afstand wil toevoegen. Ben je een beginner en is je doel een 10 km run lopen? Dan reken je hier dus het best minimaal een half jaar training voor (2 keer 3 maanden). Op deze manier geef je je lichaam voldoende tijd om aan de toenemende trainingsbelasting te wennen. (Om gezond een marathon uit te lopen, zou je dus al minstens 2 jaar consequent moeten trainen. Start dus niet met hardlopen met een marathon als doel - hoewel dit heel hip is - *take it slow* en begin iets kleiner.)

02. Als je de eerste keer een wedstrijd van een bepaalde afstand loopt, laat dan een tijdsdoel achterwege en stel gewoon als doel om de afstand uit te lopen. De volgende keer dat je die afstand doet kan je proberen je eerste tijd te verbeteren.

03. Houd bij het stellen van je doel rekening met mogelijke obstakels en met de rest van je agenda: vakanties, mogelijke drukke periodes, weekendjes weg...

04/

FAILING TO PLAN IS PLANNING TO FAIL

Alleen een doel hebben is natuurlijk niet genoeg. Je moet ook weten hoe je bij dat doel kan geraken en de weg naar het doel plannen.

'A goal without a plan is just a wish.'

Je trainingen plannen op korte en lange termijn zorgt ervoor dat je je doel duidelijk voor ogen hebt en dat je eigenlijk op voorhand al bewust nadenkt hoe je het zal aanpakken.

Voor het hardlopen heb je eerst en vooral een trainingsschema nodig om aan je doel te geraken. Op pagina 90 kan je al een schema vinden van 0 tot 5 en van 5 tot 10 kilometer. Wanneer je over dit trainingsschema beschikt, is het belangrijk dat je deze trainingen inplant in je agenda.

Maak elk weekend een planning voor de volgende week. Zorg ervoor dat je een mooie balans behoudt tussen werk, sport en ontspanning. Je kan dit op papier doen, in je agenda of bijvoorbeeld in google agenda of ical, *whatever you like.*

Neem 4 verschillende kleuren voor het maken van je weekplanning: **WERK (OF STUDIE), FAMILIE EN VRIENDEN / ONTSPANNING / ANDERE HOBBY, SPORT, HUISHOUDEN/ KOKEN/ETEN/ DOUCHEN**

	MAANDAG	DINSDAG	WOENSDAG	DONDERDAG	VRIJDAG	ZATERDAG	ZONDAG
7 uur	Ontbijt	Ontbijt	Ontbijt	Ontbijt	Ontbijt		
8 uur						Ontbijt	
9 uur						Bovenlichaam + coretraining	10 km run
10 uur							
11 uur						Winkel + huishouden	Brunch
12 uur							
13 uur							
14 uur							
15 uur							
16 uur							
17 uur							
18 uur	Intervaltraining hardlopen	Dinner + klusjes	Benentraining Fitness	Rustige 5 km	Avondje uit eten	Dinner	Mealpreppen +Dinner
19 uur							
20 uur	Douchen + dinner		Douchen + dinner	Douchen + dinner			
21 uur							
22 uur							
23 uur							

Het is belangrijk dat je je sportmomenten echt ziet als een afspraak die je niet zomaar kan afzeggen, zeker als je net begint te sporten en het nog geen routine is.

Training op de planning? Bereid je voor!
Staat er een training op het programma de volgende dag? Bereid je dan de avond voordien al voor. Leg je kledij klaar, zet je schoenen klaar, leg eventueel een snack klaar… Hoe minder drempels je op het moment van je run nog moet nemen, hoe minder je tegenhoudt en hoe sneller je de deur uit bent.

05/

PROGRESSIE, NIET PERFECTIE

Je eigen vooruitgang zien werkt enorm motiverend. Hou daarom ook je progressie bij! Dit kan je heel eenvoudig doen door te hardlopen met een hardloop-app zoals Strava, Runkeeper, Nike plus of iets dergelijks.

'Your only competition is you.'

Vergeet alleen dit niet: de enige met wie jij je moet vergelijken is de persoon die je gisteren was. Ik weet dat je in die verschillende apps ook anderen kan volgen en kan zien hoe hard en hoe ver zij lopen. Loop echter niet in de valkuil om jezelf hiermee te vergelijken. *Your only competition is you.* Er zal áltijd wel iemand zijn die sneller is dan jij, maar maakt dat jouw vooruitgang daarom minder waard? Helemaal niet. Focus op jezelf, niet op anderen.

PS: Af en toe gaan lopen zonder app, sporthorloge of timer kan ook wel eens goed doen om echt te ontspannen!

06/

VERWAARLOOS DE WARMING-UP NIET EN ZORG VOOR EEN STERKE BASIS.

In volle vaart de deur uit rennen is niet zo verstandig, zeker niet in de winter, als je spieren nog ijskoud zijn. Ik warm altijd even op door mijn armen en benen wat los te zwieren, enkels en knieën wat los te draaien en dan de eerste kilometer echt heel rustig te joggen of te wandelen. Op deze manier heb je het al wat warm voor je echt begint te lopen op tempo.

Na je run kan je het best eerst even rustig uitlopen en daarna pas foamrollen en stretchen (hierover meer vanaf p. 122). Niet alleen zorgt dit ervoor dat je de dag nadien minder stijf bent, maar dit zal ook de kans op blessures verlagen, doordat het je mobiliteit verbetert.

Daarnaast kan je best ook naast het hardlopen aan kracht- en stabilisatieoefeningen doen om blessures te vermijden.

07/

LUISTER NAAR JE LIJF

Hoewel ik gezegd heb dat je je trainingen moet plannen en moet behandelen als een belangrijke afspraak, is het natuurlijk even belangrijk dat je ook luistert naar je lichaam. Voel je dat je lichaam écht moe is of dat je niet goed hersteld bent van een training, neem dan eens een extra dagje rust.

OPLETTEN VOOR DEZE VEEL VOORKOMENDE HARDLOOPBLESSURES!

SHIN SPLINTS OF SCHEENBEENVLIESONTSTEKING: Deze blessure komt enorm veel voor en uit zich door pijn aan het scheenbeen. Dit gebeurt vooral wanneer je op korte tijd te veel kilometers afwerkt, te dikwijls of altijd te snel loopt. Ook slechte schoenen in combinatie met een harde ondergrond of veel heuveltrainingen kunnen dit veroorzaken.

ACHILLESPEESKLACHTEN OF VOETZOOLKLACHTEN: Deze blessures ontstaan dikwijls bij een te stijve achillespees, overgewicht, te veel lopen op korte tijd, het dragen van slecht absorberend schoeisel en door de verwaarlozing van de opwarmingsoefeningen.

RUNNER'S KNEE: Deze blessure ontstaat door overbelasting: te veel, te snel willen doen. Overgewicht, te stijve quadriceps, verwaarlozing van de opwarming en het dragen van slecht absorberend schoeisel verhogen de kans op deze blessure.
Hoe voorkomen? Houd je aan de regeltjes hierboven: *take it easy*, draag de juiste schoenen, warm goed op en stretch regelmatig. Hardlopen op een zachte ondergrond zoals in het bos of op een Finse piste kan ook helpen om blessures te voorkomen!

08/

MAAK HET LEUK

Volgens mij is dit de belangrijkste tip van allemaal: *have fun!* Ik weet dat dit in het begin soms moeilijk is om te geloven, wanneer je helemaal buiten adem bent na de eerste 500 meter, maar hardlopen kan écht fijn zijn. In het begin moet je lichaam heel hard wennen, maar eens je de smaak te pakken hebt en zonder problemen 30 minuutjes kan hardlopen, dan wordt het echt wel fijn. Voor je het weet heb je je eerste runner's high te pakken, en ja, die bestaat echt!

WAT VEROORZAAKT EEN *RUNNER'S HIGH?*

Onderzoek toonde aan dat tijdens het sporten endorfines worden vrijgegeven: dit zorgt voor het blokkeren van pijn en een gevoel van geluk en euforie. Hoe meer endorfines worden vrijgemaakt, hoe groter dit gevoel van euforie kan zijn.

Daarnaast wordt er tijdens het sporten ook BDNF aangemaakt of 'brain derived neurotrophic factor'. Deze stof beschermt je hersenen tegen stress, maar stimuleert ook de aanmaak van nieuw neurologisch materiaal, waardoor je geheugen verbetert. Daarnaast werkt BDNF als een soort van 'resetknop', waardoor je na het lopen dikwijls het gevoel hebt dat je ineens alles op een rijtje hebt gezet.

De werking van beide stoffen op ons lichaam en onze geest blijkt vergelijkbaar te zijn met de invloed van oppeppende, schadelijke varianten als heroïne, morfine en nicotine. Dat sporten verslavend is, is dus geen mythe. Maar ook hier geldt: té is nooit goed. Te veel sporten zorgt ervoor dat er, net zoals bij drugs, gewenning optreedt en dat je dus steeds meer moet sporten om dat gelukkige gevoel te bereiken.

Vind je het toch een beetje saai? Dan heb ik enkele tips voor je om je bezig te houden tijdens je run!

- **Loopmaatje:** ga op zoek naar een loopmaatje of een loopgroepje in je buurt. Het is niet alleen leuk, maar het is ook een extra motivatie om vol te houden.

- **Muziek:** Muziek is niet alleen motiverend tijdens het hardlopen, het kan je ook helpen om aan een constant tempo te blijven lopen. Spotify heeft bijvoorbeeld een optie 'running', waarin afspeellijsten aan verschillende tempo's staan. Voor een rustige run kies je beter een lagere BPM (beats per minute), tussen 140-150, voor een tempo-run 155-170 en voor een interval 170+. Door de beats ga je eigenlijk als vanzelf sneller of trager lopen, op de maat van de muziek.

- **Podcasts:** Zeker voor de langere runs vind ik het zelf heel fijn om podcasts te luisteren. Zo gaat de tijd snel voorbij én leer je nog eens iets bij ook.

START TO RUN

VAN 0 NAAR 5 KILOMETER

Dit schema is bedoeld voor mensen die nog geen ervaring hebben met hardlopen en er graag mee willen beginnen. In 10 weken stoomt het schema je klaar om 5 kilometer aan een stuk te kunnen hardlopen. Zoals ik al zei zal het heel verleidelijk worden om je niet aan het schema te houden, omdat je conditie er sneller op vooruitgaat en je het gevoel krijgt dat je misschien wel meer kan. Maar je gewrichten hebben echt voldoende tijd nodig om zich aan te passen, dus probeer je aan het schema te houden om blessurevrij tot aan 5 kilometer te geraken. Hierbij train je 3 keer per week, waarbij je het best altijd een dag tussen de trainingen laat!

ADIDAS

Legende: W = wandelen, H = rustig hardlopen. Als er dus staat '1 min W + 2 min H, x 6', dan ga je 1 minuut wandelen, gevolgd door 2 minuten hardlopen en dit doe je 6 keer na elkaar.

	RONDE 1	RONDE 2	RONDE 1
WEEK 1	1 min W + 2 min H, x 6	2 min W + 6 min H, x 2	2 min W + 6 min H, x 2
WEEK 2	1 min W + 3 min H, x 5	2 min W + 7 min H, x 2	2 min W + 7 min H, x 2
WEEK 3	2 min W + 4 min H, x 4	1 min W + 6 min H, x 2	1 min W + 6 min H, x 2
WEEK 4	2 min W + 5 min H, x 4	1 min W + 7 min H, x 2	1 min W + 7 min H, x 2
WEEK 5	1 min W + 3 min H, x 7	15 min H	15 min H
WEEK 6	2 min W + 4 min H, x 6	18 min H	18 min H
WEEK 7	2 min W + 5 min H, x 5	21 min H	21 min H
WEEK 8	1 min W + 3 min H, x 9	24 min H	24 min H
WEEK 9	2 min W + 9 min H, x 3	27 min H	27 min H
WEEK 10	2 min W + 4 min H, x 7	30 min H	5 KM

VAN 5 NAAR 10 KILOMETER

Wanneer je over deze basisconditie beschikt en 30 minuten aan een stuk kan lopen, dan begint het echte werk: interval runs (*my favourite!*), tempolopen en langzaam opbouwen in duurlopen in aanloop naar de 10 kilometer! Met dit schema help ik je in 10 weken op weg naar de 10 kilometer.

Hierbij heb je wel wat meer uitleg nodig om het schema te begrijpen:

LLD = lange langzame duurloop. Deze is eigenlijk het langzaamste van allemaal, hierbij loop je in hartslagzone 2 (tussen 60 en 70 % van je maximale hartslag). Voor mij persoonlijk was het moeilijk om te leren zo traag te lopen, het is echt heel rustig joggen, op een tempo waarbij je bij wijze van spreken met gemak nog liedjes zou moeten kunnen zingen.

DL = Duurloop. Dit is eigenlijk een duurloop aan een gemiddeld tempo. Het tempo dat voor jou heel comfortabel aanvoelt om langer vol te houden, waarbij je niet echt buiten adem geraakt en nog een conversatie kan voeren. Hierbij loop je in zone 3, ongeveer aan 70 à 80% van je maximale hartslag.

SDL = Snelle duurloop of tempoloop. Dit zijn de runs waarbij je echt wel aan een stevig tempo, in hartslagzone 4 (80 à 90% van je maximale hartslag) gaat lopen voor langere tijd aan een stuk door. Deze trainingen zijn zwaar en belasten je lichaam sterk. NETTO betekent de tijd dat je werkelijk aan dit snelle tempo loopt, je begint altijd met 10 minuutjes aan je normale duurlooptempo in te lopen en op het einde 5 minuutjes aan trager tempo weer uit lopen. 50 min SDL 35 NETTO betekent dus dat je 10 minuten langzaam inloopt, 35 minuten aan stevig tempo en dan weer 5 minuten rustig uit loopt.

IV = intervaltraining. Deze trainingen zijn voornamelijk bedoeld om sneller te worden. Hierbij ga je snelle intervallen afwisselen met rustige stukken. 6 x 2 min T, 1 min R betekent dat je 2 minuten snel gaat lopen en dan 1 minuut rustig verder jogt (rust betekent hierbij niet stilstaan, maar rustig verder lopen!). Voor een intervaltraining loop je het best ook altijd 5 à 10 minuten even los op traag tempo en nadien loop je het best ook 5 minuten uit.

	TRAINING 1	TRAINING 2	TRAINING 3
WEEK 1	DL: 30 min	SDL: 35 min NETTO 20 min	LLD: 35 min
WEEK 2	DL: 35 min	IV: 3 x 4 min T, 2 min R	DL: 35 min
WEEK 3	DL: 40 min	SDL: 40 min NETTO 25 min	LLD: 40 min
WEEK 4	DL: 30 min	IV: 6 x 2 min T, 1 min R	DL: 30 min
WEEK 5	DL: 45 min	SDL: 45 min NETTO 30 min	LLD: 45 min
WEEK 6	DL: 50 min	IV: 5 x 5 min T, 2 min R	DL: 50 min
WEEK 7	DL: 55 min	SDL: 50 min NETTO 35 min	LLD: 55 min
WEEK 8	DL: 40 min	IV: 8 x 2 min T, 1 min R	DL: 40 min
WEEK 9	DL: 55 min	SDL: 55 min NETTO 40 min	LLD: 60 min
WEEK 10	DL: 60 min	IV: 6 x 5 min T, 1 min R	10 KM

03
IK WIL STERKER WORDEN

#GRLPWR was nog nooit zo populair. Waar je vroeger enkel mannen in het krachtgedeelte van de gym terugvond en vrouwen op de cardiotoestellen, beginnen nu steeds meer vrouwen hun weg te vinden naar het krachthonk in de gym, crossfit, bootcamps en dergelijke. Sterk zijn is hip, en dat vind ik alleen maar leuk.

Krachttraining zorgt voor een sterk lichaam en sterkere botten. Je zal je niet alleen fysiek sterker voelen, maar ook mentaal geeft het je een flinke boost. *Strong body, strong mind!* Daarnaast komt natuurlijk alles ook net wat strakker te zitten én zorgt meer spiermassa er ook voor dat je zelfs in rust meer zal verbranden. Dat betekent dat je eigenlijk meer kan eten zonder bij te komen en krachttraining kan dus helpen bij gewichtsverlies. *Win-win, if you ask me!*

Als je in dit boek op zoek bent naar het magische recept voor een goed zichtbare sixpack, moet ik je wel een beetje teleurstellen. Een sixpack wordt in de media bijna gelijkgesteld met gezondheid en fitheid. De ultieme *fitgirl* heeft een keiharde sixpack waar iedereen bewonderend naar kan kijken (op Instagram) en meteen ook als inspiratie voor eigen doelen kan gebruiken. Maar hebben zichtbare buikspieren überhaupt wel iets te maken met echt gezond en fit zijn? Eigenlijk helemaal niet, integendeel zelfs.

Iedereen heeft buikspieren, hoe je het ook draait of keert, maar bij de meeste mensen zitten ze wat verstopt onder een laagje vet. Hoe sterk ze ook zijn, hoeveel buikspieroefeningen je ook doet, als er een laagje vet over ligt, zie je ze niet.

Een normaal en gezond vetpercentage bij vrouwen ligt tussen de 20 en 25%. Tussen de 15 en 19% is relatief laag, maar wel nog net binnen de aanvaardbare grenzen en normaal voor een atleet met veel spiermassa. Voor een echt zichtbare sixpack moet het vetpercentage bij veel vrouwen echter al onder de 15% liggen, terwijl een vetpercentage lager dan 15% eigenlijk helemaal niet meer gezond is en gepaard gaat met gezondheidsrisico's zoals verstoring van hormoonbalans en het uitblijven van de menstruatie.

Dus eigenlijk… streven velen met het najagen van die sixpack tegelijk ook naar een ongezond schoonheidsideaal en heeft dit dus helemaal niets meer te maken met fit en gezond zijn, maar gewoon met uiterlijk vertoon.

VERSCHILLENDE LICHAAMSTYPES

Bij welk vetpercentage je buikspieren zichtbaar worden, wordt sterk bepaald door je lichaamsbouw. Sommige mensen slaan veel sneller vet op hun buik op dan anderen (dit is typisch voor een appelfiguur tegenover een peer- of zandloperfiguur). Bij sommigen zullen de buikspieren al zichtbaar zijn bij een normaal vetpercentage, bij anderen moet het vetpercentage dan weer beduidend lager zijn om dezelfde buikspierdefinitie te krijgen. Daarnaast verschillen mensen ook in hoe gemakkelijk ze spieren opbouwen en vet opslaan.

Zo heb je **ECTOMORFE TYPES**: dat zijn mensen die van kleins af aan altijd mager en dun gebouwd zijn geweest en heel moeilijk in vet- en spiermassa aankomen (je kent ze wel, diegene die alles kunnen eten zonder ook maar een grammetje aan te komen met een belachelijk snel metabolisme). Dit zijn ook de mensen die vooral goed zijn in duursporten.

Daarnaast heb je de **MESOMORFE TYPES**. Dit zijn mensen die van nature atletisch gebouwd zijn en gemakkelijk spieren en kracht opbouwen. Zij zullen ook wel iets sneller vet opslaan dan ectomorfe types, maar tegelijk hebben ze relatief weinig moeite om slank te blijven.

Als laatste type heb je **ENDOMORFE TYPES**. Dit zijn de mensen die van nature wat minder slank zijn en sneller bijkomen in gewicht, zowel in vet- als spiermassa. Zij hebben doorgaans erg veel moeite om vet te verliezen, en hebben een relatief traag metabolisme.

Ben je eerder een endomorf type of heb je eerder een appelvormig figuur? Dan zal je lichaam érg veel moeite hebben om die sixpack zichtbaar te krijgen omdat het helemaal tegen je natuur indruist.

Is dat eerlijk? Neen… Misschien niet. Maar dat is de natuur. Dan stel ik aan jou de vraag: vind jij die buikspieren zo belangrijk dat je bereid bent om er een stuk van je geluk voor op te geven? Je dénkt misschien van wel, je dénkt misschien dat die buikspieren je plots gelukkig gaan maken, maar dat is gewoon niet zo *(trust me, I know)*.

Die keiharde, zichtbare sixpack… Dat is dus niet het doel van dit boek. Wél wil ik je op weg helpen naar een sterker lichaam.

Strong body, here we come!

'Those extra 5-10 pounds, that place where your body naturally wants to be. That's your life.

That's your late night pizza with your man, that Sunday morning bottomless brunch, your favorite cupcake in the whole entire world because you wanted to treat yourself.

Those 5-10 pounds are your favorite memories, your unforgettable trips, your celebrations of life.

Those extra 5-10 pounds are your spontaneity, your freedom, your love.'

LONSDALE
LONDON

ENKELE MYTHES WEERLEGD

'IK DOE GEEN KRACHT-TRAINING, WANT IK WIL NIET TE BREED WORDEN'

Veel vrouwen hebben schrik om plots als een vrouwelijke replica van de Hulk wakker te worden als ze met krachttraining beginnen. Maar die schrik is absoluut niet nodig.

Vrouwen produceren gemiddeld slechts 7% van de hoeveelheid testosteron die een man produceert. Testosteron speelt een belangrijke rol in het opbouwen van spiermassa. Doordat vrouwen van nature veel minder testosteron hebben, zal de aanmaak van spiermassa véél trager gaan dan bij mannen. Het duurt dus maanden voor vrouwen om echt zichtbare spiermassa op te bouwen. Krachttraining zal er in eerste instantie vooral voor zorgen dat je lichaam sterker wordt en alles er wat mooier gevormd en strakker uit zal zien. Er zijn inderdaad wel erg gespierde vrouwen, maar dit vergt jarenlange zware training en niet te vergeten héél véél eten, om zoveel massa op te bouwen… Je wordt echt niet plots zo wakker.

Ik doe zelf bijvoorbeeld ook aan zware krachttraining en ben best wel sterk, maar zie ik eruit als Arnold Schwarzenegger? *I don't think so.*

Wanneer jij dus begint met krachttraining moet je je geen zorgen maken, jij bepaalt immers volledig zelf wanneer je het genoeg vindt en wanneer je geen spiermassa meer wil opbouwen.

'IK HOEF NIET AAN KRACHT-TRAINING TE DOEN, WANT IK WIL GEWOON VET VERBRANDEN.'

Het is inderdaad zo dat je met cardiotraining meer gaat verbranden tijdens een training zelf omdat je hartslag flink verhoogt. HIIT staat daarnaast ook bekend voor de 'afterburn'. Met krachttraining daarentegen verbrand je iets minder tijdens je training zelf. Je hartslag gaat namelijk niet zo veel de hoogte in.

Anderzijds bouw je met krachttraining wél spiermassa op en hoe meer spiermassa je hebt, hoe meer energie je verbruikt in rust. Krachttraining zorgt er dus ook voor dat je de hele dag door meer zal verbranden, ook al is het aantal calorieën dat je tijdens de training verbrandt wat minder.

Dus ook wanneer je wil afvallen verdient krachttraining een plekje in je trainingsschema.

REEBOK REEBOK
REEBOK

DE 8 GEBODEN VAN KRACHT-TRAINING

01/

FORM FIRST

Tegenwoordig wil iedereen wel leren squatten en deadliften. Dat snap ik, het zijn fantastische oefeningen en het ziet er ook gewoon heel stoer uit, alleen… Ze zijn helemaal niet gemakkelijk om correct uit te voeren.

Ik word vaak ongemakkelijk als ik in de gym zie hoe slecht sommigen oefeningen uitvoeren, terwijl ze vaak met zware gewichten bezig zijn (dat is een beetje beroepsmisvorming als personal trainer, can't help it). Het probleem is dat je hierdoor eigenlijk meer kwaad doet dan goed en je binnen de kortste keren met blessures of rugpijn blijft zitten.

Het is heel verleidelijk om gewoon met de hype mee te willen doen en als newbie met barbell squats en deadlifts te beginnen, maar dat zou ik persoonlijk niet aanraden zonder de juiste begeleiding. Jezelf een squat of deadlift juist aanleren is ontzettend moeilijk, omdat je jezelf niet van alle kanten kan zien.

Maar wat is dan wel slim om te doen?
Wanneer je voor het eerst in contact komt met krachttraining, kan het wat overweldigend aanvoelen om een fitness binnen te lopen. Je vindt er verschillende toestellen, losse gewichten en nog andere attributen, maar waarmee begin je nu het best?

- **Trainen met fitnessapparaten:** voor een beginner zijn apparaten in de fitness een veilige manier om met de training te starten. Een apparaat is meestal bedoeld om één specifieke spier te trainen en ondersteunt de rest van je lichaam. Hierdoor zijn de oefeningen relatief eenvoudig uit te voeren en is er weinig kans op blessures.

- **Trainen met losse gewichten** daarentegen is efficiënter. Wanneer je traint met losse gewichten gebruik je eigenlijk continu je volledige lichaam, al je balans- en ondersteunende spieren heb je nodig om de oefening in een correcte houding uit te voeren. (Denk hieraan: geen holle of bolle rug maken, zorg voor een aangespannen core, trek je schouders niet omhoog, laat je knieën niet naar binnen vallen…) Daarom zijn deze oefeningen minder eenvoudig om correct uit de voeren, waardoor er een grotere kans op blessures bestaat.

Als je net begint met sporten, raad ik je aan om eerst wat basiskracht te ontwikkelen. Die basiskracht kan je eerst al opbouwen met oefeningen met je eigen lichaamsgewicht of bijvoorbeeld met de fitnessapparaten in de gym om jezelf te beschermen tegen blessures. Wanneer je dan nog wat meer uitdaging zoekt, kan je verder met losse gewichten, maar ik raad aan hier toch eerst begeleiding voor te zoeken om de oefeningen correct aan te leren. Pas wanneer je een beweging heel goed onder de knie hebt, kan je omhoog gaan in gewicht.

02/

KEEP YOUR HEAD IN THE GAME

Wanneer je traint, probeer je dan ook te concentreren op je training en houd je focus erbij. Een halfuur op een apparaat zitten terwijl je door Instagram scrolt of zit te kletsen, telt niet mee als training. Doe je oefeningen geconcentreerd, let op je vorm, let op het gecontroleerd uitvoeren en neem niet té veel rust tussen oefeningen door (ongeveer 1 à 3 minuten tussen de setjes door, afhankelijk van de intensiteit, meer niet).

Ik hoor zo dikwijls van mensen dat ze 'uren in de fitness zitten', maar geen resultaat zien. Wel, je moet niet in de fitness zitten, maar sporten. Wil je echt kletsen, doe het dan na je training, maar probeer tijdens je training je focus te bewaren. Ik ben meestal op een uurtje klaar met mijn training. Meer is echt niet nodig om progressie te maken als je gewoon consequent blijft trainen.

03/

DAAG JEZELF UIT

Sterker worden steunt op het principe van 'progressieve overload'. Dit wil eigenlijk zeggen: maak het zwaar genoeg voor jezelf en probeer het gewicht waarmee je traint gestaag op te bouwen. Als je bijvoorbeeld twaalf herhalingen moet uitvoeren, doe je dit met een gewicht waarmee je de twaalfde herhaling maar nét haalt, en een dertiende te veel zou zijn. Dát is overload. Het gewicht progressief verhogen zal ervoor zorgen dat je sterker wordt.

'Great things never come from comfort zones.'

Nee echt, een training mag ook vrij zwaar zijn, je mag zweten. Als je het jezelf altijd gemakkelijk maakt, dan zal er ook niets veranderen. Je moet leren om uit je comfortzone te stappen, *that's where the magic happens.*

PS: Niet elke training kan je 100% alles geven, ook rustigere trainingen maken deel uit van een trainingsschema. Áltijd rustig trainen daarentegen zal ervoor zorgen dat je ter plaatse blijft trappelen.

04/

WERK MET EEN TRAININGSSCHEMA

Zomaar in het wilde weg wat gaan doen in de gym heeft niet veel nut. Om resultaat te zien en vooruitgang te boeken werk je het best met een trainingsschema. Je spieren worden op die manier op regelmatige basis op dezelfde manier geprikkeld, wat uiteindelijk voor verandering (adaptatie) en progressie zal zorgen. Ook hier geldt: plan je trainingen in in je agenda, net zoals ik bij het hardlopen heb uitgelegd (zie p. 78)!

AANTAL TRAININGSDAGEN: FULLBODYSCHEMA OF SPLITSCHEMA?

Op Instagram of in de gym hoor je wel eens mensen praten over 'legday' of 'upper body day', maar wat wil dat nu zeggen? Mensen gebruiken bijvoorbeeld de term 'legday' voor een dag waarop ze enkel hun benen trainen en 'upper body day' voor een dag waarin enkel het bovenlichaam getraind wordt. Anderen trainen dan weer hun hele lichaam op één dag.

Of je het best kiest voor een fullbodyschema of splitschema hangt af van hoeveel dagen per week jij wil gaan trainen. Om kracht- en spiermassa op te bouwen zou eigenlijk elke spiergroep tweemaal per week geprikkeld moeten worden. Daarnaast hou je het best 48 uur rust tussen het trainen van dezelfde spiergroep om je spieren voldoende te laten herstellen.

Uit onderzoek blijkt dat voor beginners 2 à 3 keer per week trainen met een fullbodyschema prima werkt om sterker te worden en spiermassa op te bouwen. Gevorderden zullen meer moeten gaan trainen om nog progressie te boeken. Dat kan door meer dagen per week te trainen, maar dan zal je met een splitschema moeten werken, waarbij je per dag afwisselt welke spiergroep je traint. Door verschillende spiergroepen op verschillende dagen te trainen kan je ervoor zorgen dat je spieren toch voldoende rust krijgen tussen twee trainingen door.

AANTAL SETJES EN HERHALINGEN

Naast het aantal dagen dat je traint is het aantal setjes en herhalingen per oefening een heel belangrijke factor. Het aantal herhalingen zal namelijk bepalen of je meer aan hypertrofie, uithouding of maximale kracht zal werken.

WAT BETEKENT HYPERTROFIE?

Krachttraining veroorzaakt spierhypertrofie. Sommige mensen geloven nog steeds dat je het aantal spiervezels kan vermeerderen door krachttraining, maar dat is niet waar. In realiteit ben je geboren met een specifiek aantal spiervezels. Wat krachttraining doet is net de grootte van elke spiervezel vergroten, dus niet het aantal, en op die manier het spiervolume vergroten. Dit wordt dus hypertrofie genoemd. Er bestaan echter verschillende soorten van hypertrofie, die een verschillend effect hebben op je spieren.

Ik ga hier niet in op alle wetenschappelijke details, maar kort gezegd is er een type van hypertrofie dat je spieren zal doen toenemen in volume en een type van hypertrofie dat je spieren doet toenemen in maximale kracht. Wat? Is dat niet hetzelfde? Blijkbaar niet, spiervolume kweken en maximale kracht ontwikkelen zijn niet exact hetzelfde proces, hoewel ze uiteraard ook altijd wat samengaan.

1 tot 6 herhalingen per set	Vooral gericht op maximale kracht
6 tot 8 herhalingen per set	Combinatie maximale kracht en spiermassa
8 tot 10 herhalingen per set	Vooral spiermassa
10-12 herhalingen per set	Vooral spiermassa + deels het uithoudingsvermogen van de spier
12-20 herhalingen	Vooral uithoudingsvermogen van de spier + deels spiermassa
20+ herhalingen	Uithoudingsvermogen van de spier

Als beginner is het zo dat je het best start met een hoger aantal herhalingen aan een lager gewicht of met je eigen lichaamsgewicht. Twaalf tot twintig herhalingen is perfect om mee te starten. Zo geef je je lichaam de kans om de bewegingen eerst voldoende onder de knie te krijgen, voor je het met zwaardere gewichten gaat belasten. In een volgende fase kan je dan kiezen voor een lager aantal herhalingen (8 à 12) maar met een zwaarder gewicht. Echt gevorderden kunnen tot slot ook aan maximale kracht werken en nog lager gaan in herhalingen en hoger in gewicht. Let op, dit raad ik pas aan na enkele maanden training, wanneer je de beweging met een perfecte vorm kan uitvoeren en al goed vertrouwd bent met krachttraining.

Het aantal sets zal ook een beetje afhankelijk zijn van het aantal herhalingen. Hoe hoger het aantal herhalingen, hoe minder hoog het aantal sets. Meestal kies ik voor 3 à 4 sets wanneer mijn aantal herhalingen boven de 8 ligt en 4 à 5 sets wanneer het aantal herhalingen lager is dan 8. Tussen de setjes door houd je ongeveer 2 à 3 minuten rust. Houd je ook aan deze rust en begin geen uren te kletsen tussendoor, want anders verlies je wat van de efficiëntie in je training.

AANTAL OEFENINGEN

Ook hier geldt weer: meer is niet altijd beter. Een goede training zou je perfect op een uurtje moeten kunnen voltooien. Meestal bestaat mijn trainingsschema uit 6 tot 8 oefeningen.

05/

HOUD JE PROGRESSIE BIJ

Wanneer je aan krachttraining doet, is het slim om je progressie bij te houden. Dit kan je doen door je trainingsschema in een schriftje, in Excel of in een app (bijvoorbeeld Repcount) bij te houden en elke keer de gewichten te noteren waarmee je de oefening hebt uitgevoerd Hierdoor moet je niet elke training opnieuw gaan gokken en zoeken naar het juiste gewicht, wat je onnodig tijd kost, maar kan je echt gericht gaan trainen en het gewicht progressief opbouwen.

Niet alleen kan je efficiënter trainen als je je progressie bijhoudt, het werkt gewoon ook ontzettend motiverend om te kunnen zien waar je vandaan komt. Ik weet bijvoorbeeld dat ik ooit een deadlift van 40 kg al heel zwaar vond… maar dat ik nu meer dan 100 kg van de grond krijg. Zeker wanneer je al wat langer traint, vergeet je soms waar je begonnen bent. Achteraf terugblikken is ontzettend fijn en motiverend. Zo kan je zien wat al je harde werk je heeft opgeleverd.

'If all you do is get 1% better every day, you're still winning.'

06/

ZORG VOOR VOLDOENDE VARIATIE

Een goed trainingsschema is belangrijk, maar variatie in je trainingsschema net zo goed. Wanneer je een trainingsschema té lang aanhoudt, gaat je lichaam eraan wennen. Dit zorgt uiteindelijk voor minder uitdaging en minder progressie. Ik wissel ongeveer om de 6 weken van trainingsschema. Een goede richtlijn is minimum 4, maar maximum 8 weken hetzelfde trainingsschema aanhouden.

Betekent dit dat je dan altijd een volledig nieuw trainingsschema met allemaal nieuwe oefeningen nodig hebt? Neen. Hoewel het goed is om toch ook in oefeningen wat te variëren, zijn er nog veel andere manieren om verandering aan te brengen in je trainingsschema. Zo kan je bijvoorbeeld een variant gaan doen op een oefening die je al doet (er zijn bijvoorbeeld veel variaties op een klassieke back squat: front squat, goblet squat, bulgarian split squat…) of gewoon het aantal herhalingen of tempo van je oefeningen veranderen. Ook dat zorgt al voor een totaal andere trainingsprikkel.

07/

HERSTEL IS EVEN BELANGRIJK ALS JE TRAINING ZELF

SPIERPIJN EN HERSTEL

Oké, ik geef toe, er zijn leukere dingen dan een trap oplopen de dag na een hele zware benentraining. Maar ergens vind ik spierpijn eigenlijk nog wel fijn. Dat gevoel dat je lichaam hard heeft gewerkt, weten

dat je lichaam sterker aan het worden is en dat je fitter aan het worden bent. *I love it.*

Wat is spierpijn nu eigenlijk?
Er zijn eigenlijk 2 grote vormen van spierpijn:

- Tijdens of vlak na je training: deze spierpijn komt door opstapeling van melkzuur in je spieren. Dit heet ook 'verzuring' van je spieren.

- Een tweede en meer bekende vorm van spierpijn is 'DOMS' = Delayed onset muscle soreness, spierpijn die pas een tijdje na je inspanning optreedt. Hij is meestal het ergste tussen 24 en 48 uur na de inspanning. Deze spierpijn is het felst als je iets doet waaraan je lichaam niet gewend is. Voorbeelden zijn als je net begint met sporten, na een lange vakantieperiode sporten of als je training intensiever is of helemaal anders is dan normaal. Deze spierpijn komt door de microscheurtjes in je spieren. Voldoende rust zal ervoor zorgen dat je spier weer goed hersteld en sterker wordt dan voorheen.

Heb je dan niet goed getraind als je geen spierpijn hebt?
Neen, geen spierpijn betekent niet dat je training weinig effect had, maar gewoon dat het een minder intensieve training was of dat je lichaam er al wat meer aan gewend is. Ook rustige trainingen zijn belangrijk in een trainingsschema en hebben een positief effect op je kracht en uithouding. Je lichaam is niet in staat om altijd 100% te geven, want dan geraakt het al heel snel overtraind.

WAT KAN IK DOEN OM SPIERPIJN TE VERMINDEREN EN HERSTEL TE BEVORDEREN?

- De hele dag stilzitten is geen goed idee. Lichte activiteit zoals wandelen of rustig fietsen zorgt voor een betere doorbloeding in je spieren. Zo kan de spier sneller de juiste bouwstenen en energie aangevoerd krijgen om te herstellen en afvalstoffen zoals lactaat sneller af te voeren. Dit wordt ook wel 'actief herstel' genoemd.

- Voed je spieren na het sporten met voldoende eiwitten, vocht en koolhydraten. Meer uitleg hierover vind je in het hoofdstuk over voeding (zie p. 151).

- Zorg ervoor dat je voldoende slaapt: je lichaam is 's nachts in herstelmodus, voldoende nachtrust is dus erg belangrijk om je spieren optimaal te laten herstellen.

- Sportmassage of foamrollen zorgen ervoor dat 'spierknoopjes' of verklevingen in de spieren loskomen. Bovendien zorgt dit ook voor een betere doorbloeding in je spieren.

- Neem een warm bad. De warmte zal er ook voor zorgen dat je spieren beter doorbloed worden en het stimuleert de stofwisseling in je spieren. Badproducten met jeneverbes of arnica-extract helpen spierpijn ook verminderen.

08/

VERWAARLOOS JE WARMING-UP NIET

Een warming-up dient eigenlijk om je lichaam voor te bereiden op de zware belasting die komt. Je warmt je lichaam letterlijk op en dit brengt een aantal positieve effecten met zich mee.

- Betere zuurstofopname in de longen.
- Betere opname van zuurstof door de spiercellen.
- Versnelling van metabole processen in de spiercel en dus efficiënter gebruik van energie.
- Je hart wordt voorbereid op plotse intensieve inspanningen, wat de kans op een abnormaal hoge hartslag als reactie op inspanning wegneemt.
- Spieren en gewrichten worden soepeler. Er wordt in je gewrichten meer 'synoviaal vocht' aangemaakt, wat fungeert als smeermiddel om de wrijving in je gewrichten te verlagen. Als je dus niet-opgewarmd met gewichten begint te werken, zet je veel meer wrijving en stress op je gewrichten.
- Snellere en betere verwerking van zenuwimpulsen van de hersenen naar de spieren.

Het is een beetje zoals een motor van een auto die in de winter ook even moet opwarmen voor hij echt volledig naar behoren werkt. Ik warm voor mijn training altijd even 5 à 10 minuutjes op een cardiotoestel op en doe vervolgens wat dynamische strek- en rekoefeningen om alles wat los te krijgen. Ook las ik bij elke oefening van mijn schema een 'opwarmsetje' in, waarbij ik de beweging eigenlijk doe zonder, of met een erg laag gewicht. (bijvoorbeeld wat air squats of squats met een lege bar, voor ik aan mijn 3x12 squats begin met mijn 'werkgewicht').

SNELCURSUS GYMETIQUETTE

In elke gym heersen er enkele ongeschreven regels, waar je je het best aan houdt om het voor iedereen aangenaam te houden. Ik geef je ze even mee ;-)

- Gebruik áltijd een handdoek om op of tegen te gaan zitten/liggen.

- Persoonlijke hygiëne en een beetje deo zijn niet verkeerd. Ik weet dat je zweet in de gym, maar op zich stinkt zweet eigenlijk niet. Een goede persoonlijke hygiëne, schone kledij en een beetje deo zorgen ervoor dat je toch niet onaangenaam zal ruiken, ondanks het zweet.

- Ruim je gewichten op. Als je sterk genoeg bent om de gewichten te gebruiken, ben je ook sterk genoeg om ze weer op hun plaats te leggen.

- Draag zorg voor het materiaal: gebruik het materiaal alsof het van jezelf is.

- Gebruik een apparaat ook effectief als je het bezet houdt. Als je gewoon met iemand staat te kletsen, houd dan geen apparaat bezet, zeker niet wanneer het druk is in de gym.

WORK-OUTS

Om te starten met een fit en gezond leven heb ik enkele leuke work-outs voor jullie. Dit boek is bedoeld om mensen op weg te zetten naar een sterk en gezond lichaam. Daarom heb ik me voornamelijk gericht op bodyweight beginnerwork-outs (op één eenvoudige dumbbell work-out voor de benen na). Deze zijn namelijk voor iedereen toegankelijk en kunnen overal gedaan worden. Heb je toch behoefte aan meer gevorderde work-outs? Dan kan je altijd een kijkje nemen op mijn website!

IK WIL STERKERE BENEN

Beginners bodyweight work-out

Deze work-out is perfect voor beginners. Je hebt er helemaal niets voor nodig en kan hem doen waar je maar wil.

Het principe is heel eenvoudig. Je hebt een circuit van 4 oefeningen. Die ga je na elkaar uitvoeren en nadien krijg je 1 à 2 minuutjes rust. Dit circuit herhaal je dan 3 tot 7 keer. (Je begint met 3 keer en bouwt op naar 7 keer.)

Belangrijk bij deze work-out is dat het een work-out is bedoeld om basiskracht, stabiliteit en voldoende lichaamsbesef (proprioceptie) op te bouwen. Het is géén HIIT-work-out, dus moet je de bewegingen niet zo snel mogelijk uitvoeren, maar net traag en gecontroleerd.

Om vooruitgang te boeken doe je de work-out het best twee keer per week. De eerste week kan je beginnen met 12 herhalingen, de tweede week ga je naar 14 herhalingen en zo in 4 weken naar 20 herhalingen (of de helft natuurlijk als het éénbenige oefeningen zijn).

BEGINNER HOME WORK-OUT

	OEFENING	HERHALINGEN
Circuit x 5	Air squats Glute bridge Lunges Single leg glute bridge	12 tot 20 12 tot 20 6 à 10 per been 6 à 10 per been
Rust NA een volledig circuit	1 à 2 minuten	

01
Air squats

Voor een air squat zet je je voeten ongeveer op schouderbreedte met je tenen naar voren. Vervolgens zak je in 4 tellen naar omlaag alsof je op een stoel gaat zitten, je gewicht moet vooral boven je hielen zitten en níét boven je tenen. Probeer je rug recht te houden, je core goed aan te spannen en je knieën niet naar binnen te laten vallen. Houd de laagste positie, met je knieën ongeveer in een hoek van 90 graden, 2 seconden aan en ga vervolgens weer in 1 tel omhoog. Herhaal 12 à 20 keer.

02
Glute bridge

Voor een glute bridge ga je op de grond liggen met je benen gebogen, tenen wijzen naar voren en je armen liggen naast je. Vervolgens trek je je navel in om je core aan te spannen en breng je in 1 tel je bekken omhoog. Span hierbij op het hoogste punt je billen goed aan, houd dit 2 seconden vast en laat je vervolgens in 4 tellen weer zakken. Herhaal dit 12 tot 20 keer.

03
Lunge

Begin rechtopstaand met je voeten op heupbreedte en tenen naar voren. Trek je navel in om je core aan te spannen en zet vervolgens een grote stap naar voren. Laat je achterste knie in 4 tellen naar de grond zakken. Let er hierbij op dat je voorste knie niet voorbij je tenen komt, je knie niet naar binnen valt en je been ongeveer een hoek van 90 graden maakt. Beneden stop je eigenlijk nét voor je knie de grond raakt, je houdt dus je spanning. Houd 2 seconden aan en kom in 1 tel weer omhoog. Zet je voet weer naast de andere. Herhaal dit 6 à 10 keer met hetzelfde been en daarna 6 à 10 keer met het andere been.

04
Single leg glute bridge

Deze oefening lijkt op de gewone glute bridge, maar dan met één been in de lucht. Dit doe je 6 à 10 keer met je ene been en vervolgens met het andere.

Beginner-Intermediate dumbbell work-out

Begint de vorige work-out te gemakkelijk te worden?! TOP, dan kan je de volgende oefeningen eens uitproberen. Die kan je doen in de gym, of bij je thuis als je gewichtjes hebt. In plaats van opbouwen in het aantal herhalingen, zoals bij de vorige work-out, kan je hierbij gaan opbouwen in gewicht. Begin altijd met een lichte dumbbell of halter en pas wanneer je hiermee correct alle herhalingen kan uitvoeren, ga je over naar een zwaardere.

De work-out zit een tikje anders in elkaar dan de vorige. Bij de vorige ging je allerlei oefeningen na elkaar uitvoeren in een circuit, waarna je even rust nam, om vervolgens dat circuit te herhalen. Nu we met gewichten werken die we willen opbouwen, zullen we meer rust nodig hebben tussen de oefeningen. Daarom werken we niet meer in een circuit, maar in sets van oefeningen. Je doet dus van de eerste oefening 3 sets van 12 herhalingen, waarbij je tussen elke set 30 tot 60 seconden rust neemt. Pas wanneer je deze 3 sets voltooid hebt, ga je over naar de volgende oefening en zo verder tot je het volledige circuit afgewerkt hebt. Ook het tempo is iets vlotter dan in de vorige work-out, maar nog steeds gecontroleerd. Deze keer laat je meestal in 2 tellen zakken en kom je weer in 2 tellen omhoog.

Omdat we nu met gewichten werken, is het belangrijk dat je lichaam opgewarmd is voor je met de work-out begint. Begin dus met 5 à 10 minuutjes opwarmen door bijvoorbeeld wat te touwtjespringen, of gebruik een cardiotoestel zoals een fiets of crosstrainer. Daarna kan je wat foamrollen en dynamische stretchoefeningen doen (meer hierover in het volgende hoofdstuk) en vervolgens kan je aan de work-out beginnen.

BEGINNER INTERMEDIATE GYM WORK-OUT

	OEFENING	SETS	HERHALINGEN
Oefeningen	Dumbbell squats	3	12
	Weighted lunges	3	12
	Single leg Romanian deadlift	3	8 per been
	Weighted single leg glute bridge	3	8 per been
Rust	30 à 60 seconden		

01
Dumbbell squats

Begin zoals bij een gewone squat rechtstaand, voeten op schouderbreedte en tenen wijzen naar voren. Houd de dumbbells naast je lichaam, óf houd de dumbbells vast met gebogen armen op je schouders. (Je kan ook een kettlebell vasthouden voor je borst, kies maar wat voor jou comfortabel voelt.) Vervolgens zak je in 2 tellen naar omlaag alsof je op een stoel gaat zitten, je gewicht moet vooral boven je hielen zitten en níét boven je tenen. Probeer je rug recht te houden, je core goed aan te spannen en je knieën niet naar binnen te laten vallen. Vervolgens ga je weer in 2 tellen omhoog. Herhaal 12 keer.

02
Lunge

Begin rechtopstaand met je voeten op heupbreedte en tenen naar voren. Houd de dumbbells naast je lichaam. Trek je navel in om je core aan te spannen. Zet vervolgens een grote stap naar voren en laat je achterste knie in 2 tellen naar de grond zakken. Let er hierbij op dat je knie nooit voorbij je tenen komt, je knie niet naar binnen valt en je voorste been ongeveer een hoek van 90 graden maakt. Beneden stop je eigenlijk nét voor je knie de grond raakt (je houdt dus de spanning). Vervolgens ga je weer in 2 tellen omhoog en zet je je voet bij de andere voet. Herhaal dit 8 keer met het ene been en vervolgens 8 keer met het andere been.

03
Single leg romanian deadlift

Dit is een erg moeilijke oefening om te leren. Probeer hem ook weer eerst zonder dumbbells en pas als je hem onder de knie hebt, gebruik je halters. Sta rechtop met je benen mooi naast elkaar. Vervolgens ga je je heup naar achteren duwen terwijl je romp naar voren komt en een been in één lijn met je romp naar achteren komt. Ik ben heel flexibel in mijn hamstrings en kan zo ver naar voren komen dat ik horizontaal kom met de grond. Als je minder lenig bent, zal je je bewegingsbereik wat moeten aanpassen en minder ver naar voren moeten buigen.

04
Single leg glute bridge

Begin liggend op de grond met je knieën gebogen, tenen recht naar voren en houd met je beide handen een gewicht vast boven je bekken. Vervolgens strek je 1 been uit, op zo'n manier dat je knieën eigenlijk naast elkaar blijven. In 2 tellen breng je je bekken naar omhoog, daar span je goed je billen en vervolgens laat je in 2 tellen weer zakken. Doordat je armen nu niet naast je liggen, zal je evenwicht wat meer uitgedaagd worden. Span daarom je core goed aan wanneer je deze beweging uitvoert. Zorg ervoor dat je heup horizontaal blijft en je niet aan 1 kant 'inzakt'.

STERKE CORE EN ARMEN

Deze core-work-out is net zoals de bodyweight benenwork-out een circuitwork-out. Je voert dus alle oefeningen na elkaar uit zonder tussenin te rusten (tenzij het echt nodig is natuurlijk, dan haal je even adem en ga je weer door) en na het volledige circuit krijg je even rust. Dit circuit herhaal je 3 tot 7 keer.

Voor sommige oefeningen heb ik enkele meer gevorderde variaties meegegeven. Als de standaardversie je te eenvoudig wordt, kan je altijd de meer gevorderde eens proberen!

Hierbij is het ook weer belangrijk dat je de oefeningen traag en gecontroleerd uitvoert. Soms denken mensen dat sneller beter is, omdat je hartslag er meer van omhoog gaat. Door oefeningen echter traag uit te voeren verhoog je de 'time under tension' van je spieren, wat wil zeggen dat je spieren zich langer moeten opspannen en dus eigenlijk harder moeten werken.

Daag jezelf ook uit. Net zoals bij de vorige work-out kan je hier ook het aantal herhalingen en het aantal seconden 'hold' stelselmatig opbouwen.

BEGINNER HOME WORK-OUT

	OEFENING	HERHALINGEN
Circuit x 3	Plank	30 seconden
	Leg lifts	12 tot 20
	Hollow hold	30 seconden
	Knee Push-up	12 tot 20
	Side plank	30 seconden elke kant
	Flutter kicks	6 tot 12 per been
	Shoulder taps	6 tot 12 per kant
Rust NA een volledig circuit	1 à 2 minuten	

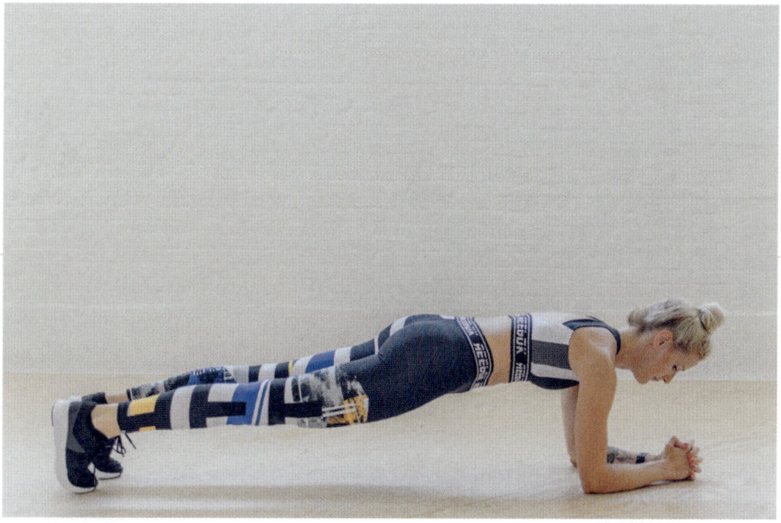

01
De plank

Een van de beste oefeningen om je volledige core actief aan het werk te zetten en meteen je schouders ook te gebruiken. De eerste versie is de standaard plank. Als die te moeilijk is, kan je de eenvoudigere variant hieronder proberen, en als je jezelf éxtra hard wil uitdagen, kan je eens de Supermanplank uitproberen. Je begint eigenlijk met je ellebogen recht onder je schouders en je voeten op heupbreedte en je drukt je lichaam op tot een mooie rechte plank. Heel belangrijk hierbij is dat je altijd goed op je schouders uitduwt, dus niet 'inzakt' door je schouders. Let er ook op dat je een mooie rechte rug behoudt. Zeker als het moeilijk wordt, hebben mensen de neiging om een holle rug te maken. Blijf dus actief je core aanspannen om je rug recht te houden. Voel je je rug inzakken, neem dan even 5 seconden pauze en ga dan weer door!

1.b Eenvoudigere variant van de plank

1.c Supermanplank

02
Leg lifts

Lig op je rug op de grond, met je armen naast je lichaam. Voor wat extra steun kan je je duimen onder je achterwerk steken. Breng nu traag en gecontroleerd je benen in 2 tellen naar boven en vervolgens in 2 tellen weer naar beneden. Belangrijk hierbij is dat je je onderrug goed tegen de grond houdt en geen holle rug maakt.

03
Hollow hold

Hierbij probeer je je lichaam in een holle positie te houden. Je begint in ruglig en brengt je schouders en benen van de grond, heel belangrijk hierbij is dat je onderrug tegen de grond blijft. Hoe dichter je benen bij de grond en hoe meer gestrekt, hoe moeilijker je het jezelf maakt. Als het te zwaar is, hef je je benen beter iets hoger en/of buig je ze, of je kan je armen naar voren in plaats van naar achteren houden.

04
Knee push-up

Voor de meeste vrouwen zal de knee push-up meer dan uitdagend genoeg zijn. *That is...* als hij correct uitgevoerd wordt. Bij een push-up gebruik je je spieren pas echt als je je volledige *range of motion* gebruikt, dat wil zeggen als je met je borst ook echt tot op de grond komt. Heel dikwijls zie je een push-up uitgevoerd met de ellebogen ver naar buiten, wat eigenlijk zorgt voor onnodige wrijving in het schoudergewricht. Beter is een push-up waarbij je je ellebogen eigenlijk naar achteren buigt. Hiervoor zet je je handen mooi onder je schouders en draai je je ellebogen naar achteren. Vervolgens laat je in 2 tellen je borst zakken tot op de grond en breng je je in 1 tel weer omhoog. Zorg dat je hoofd mooi in het verlengde blijft van de rest van je lichaam en dat je bovenlichaam één mooie rechte lijn vormt met je bovenbenen. Blijf je core altijd goed aanspannen en ga niet hol hangen.

4.b De gewone push-up. Voor als de knee push-up te eenvoudig wordt!

05
Side plank

Hierbij begin je in zijlig met je elleboog recht onder je schouder. In 1 tel breng je je bekken omhoog zodat je een mooie plank vormt. Hou dit 30 seconden aan. Belangrijk hierbij is dat je mooi loodrecht blijft met de grond en niet naar voren of naar achteren gaat leunen. Te gemakkelijk? Dan kan je altijd de gevorderde star-plank proberen, waarbij je één arm en één been omhoog brengt.

06
Flutter kicks

Begin in ruglig met je armen naast je en breng je schouders van de grond. Je mag hierbij licht op je ellebogen steunen. Vervolgens ga je met je benen op en neer zoals je eigenlijk bij rugcrawl zou doen. Doe dit niet te snel, maar mooi gecontroleerd. Dit doe je 10 keer per been.

07
Shoulder taps

Hierbij begin je in push-uphouding. Zorg ervoor dat je je core mooi aanspant en niet hol gaat hangen of bol gaat staan. Je benen mogen hierbij iets breder staan dan schouderbreedte. Vervolgens tik je om de beurt je linker- en rechterschouder aan met je andere hand. Doe dit traag en gecontroleerd en zorg ervoor dat je bekken niet beweegt en mooi evenwijdig blijft met de grond. Deze oefeningen vind je ook terug op pagina 73.

04

IK WIL LENIGER WORDEN

Naast kracht en conditie is er nog een andere factor die belangrijk is voor een gezond en fit lichaam: lenigheid en mobiliteit. Veel mensen onderschatten het belang ervan, want lenigheid en mobiliteit hebben net een enorme invloed op de manier waarop je gaat bewegen.

Bedenk dat je lichaam altijd de weg om te bewegen zoekt die het minste weerstand biedt, de gemakkelijkste weg. Als bepaalde spieren te stijf zijn en dus te veel weerstand bieden, dan zal je lichaam dit proberen te compenseren op een andere manier. Waarom kunnen veel mensen bijvoorbeeld geen goede squat uitvoeren? Niet omdat ze de kracht missen, maar wel door een gebrek aan mobiliteit. Ook bij het hardlopen kunnen bepaalde te stijve spieren ervoor zorgen dat je een foute loophouding aanneemt en dat je binnen de kortste keren door overbelasting met blessures worstelt. Ook zorgt het soepel houden van je spieren ervoor dat je spieren beter herstellen en dat je minder last hebt van spierpijn.

Het is dus belangrijk om ook aan je lenigheid en mobiliteit te gaan werken. Hiervoor zijn verschillende methodes: stretchen, yoga en foamrollen.

STRETCHEN

Stretchen betekent letterlijk het 'rekken' van een spier. Je gaat hierbij op een voorzichtige manier een spiergroep op rek brengen om de lenigheid van de betreffende spiergroep te trainen en te verbeteren.

We onderscheiden twee grote vormen van stretchen: statisch en dynamisch stretchen.

STATISCH STRETCHEN

Statisch stretchen is het klassieke stretchen, waarbij je bepaalde spieren geleidelijk gaat uitrekken tot maximale lengte en deze positie minstens 30 seconden aanhoudt, om dan weer los te laten. Belangrijk is dat je dit rustig doet en niet een enorme ruk aan je spier geeft zodat je meteen op maximale lengte zit, want dan loop je het risico op blessures. Begin rustig en ga met elke ademhaling steeds ietsje dieper in de stretch, tot je een stretch voelt in je spier. Het mag een beetje onaangenaam voelen, maar het mag geen pijn doen!

Hieronder vind je enkele voorbeelden van goede stretchoefeningen voor hardlopers:

01
Stretchen van de quadriceps

Houd je rug recht, trek je navel in en zorg dat je knieën ongeveer naast elkaar blijven. Bij deze stretch zou je het moeten voelen rekken aan de voorkant van je bovenbeen.

02
Stretch van de adductoren

Houd je hielen op de grond en je romp mooi rechtop. Dit voel je rekken aan de binnenkant van je bovenbeen.

03 Stretch van de heupbuigers

Dit voel je aan de voor/binnenzijde van je bovenbeen en lies.

04 Stretch van de gastrocnemius & soleus

Dit voel je rekken in je kuit.

DYNAMISCH STRETCHEN

Dynamisch stretchen wordt door velen eigenlijk niet echt als 'stretchen' gezien, maar eerder als opwarming. Eigenlijk is het een combinatie van beide. Je gaat op een vloeiende manier je spieren opwarmen, losmaken en op rek brengen. Bij dynamisch stretchen blijf je dus in beweging en houd je een stretch niet aan. Veel oefeningen vallen in die zin onder dynamische stretching. Zo is een air squat bijvoorbeeld een dynamische stretch voor je met gewichten aan de slag gaat, of is een push-up een dynamische stretch voor je aan het bench pressen begint, enzovoort. Een bear crawl is bijvoorbeeld ook een van mijn favoriete dynamische stretches, waarbij je als een beer eigenlijk op handen en voeten naar de overkant van een ruimte kruipt, met je knieën zo dicht mogelijk tegen de grond.

Ik geef jullie in dit boek graag enkele dynamische stretches mee waarbij je je hele lichaam goed losmaakt, een beetje opwarmt en die je eigenlijk voor elke work-out kan gebruiken.

01 Inchworm

Begin rechtopstaand met je voeten op schouderbreedte, buig voorover met je handen naar je tenen en wandel met je handen naar voren tot in een hoge plank. Vervolgens wandel je met je voeten richting je handen en kom je weer omhoog. Dit herhaal je een paar keer.

02

Lunge met twist

Begin rechtopstaand met je voeten op schouderbreedte. Stap met je linkervoet naar voren in een lunge. Buig met je romp naar voren en zet je rechterhand naast je linkervoet en draai je borst open richting je linkerbeen. Vervolgens kom je even recht en buig je weer voorover, maar nu zet je je linkerhand rechts van je linkervoet en draai je met je rug open richting je linkerbeen. Doe dit vervolgens met rechts en herhaal een paar keer.

03
Tubewalk

Perfect om je bilspieren mee te activeren voor een benen work-out! Plaats een miniband rond je enkels en zet eerst 10 stappen opzij naar rechts en vervolgens 10 naar links, houd hierbij de elastiek altijd onder spanning.

04
Scorpion

Begin in buiklig met je armen naar de zijkant. Draai vervolgens met je rechterbeen naar je linkerhand en daarna omgekeerd.

WANNEER GEBRUIK JE WELKE VORM VAN STRETCHEN?

Dynamisch stretchen

In tegenstelling tot wat velen denken is dynamisch stretchen voor een work-out, en niet statisch stretchen, eigenlijk de meest belangrijke vorm van stretchen zowel om *blessures te voorkomen* als om prestaties te verbeteren (zowel in kracht als snelheid!). Statisch stretchen voor een krachtige work-out kan het risico op blessures net vergroten en prestaties verminderen (zeker bij krachttraining met zware gewichten).

Statisch stretchen

Waar men vroeger zweerde bij het statisch stretchen na een work-out om stijfheid te verminderen, blijkt uit vele recente onderzoeken dat dit eigenlijk niet zoveel (of zelfs geen) invloed heeft op de stijfheid die je de volgende dag of twee dagen erna zal voelen.

Statisch stretchen is daarentegen wel nog altijd een goede manier om de *flexibiliteit van je spieren te verbeteren* en je *range of motion te vergroten*, wat voor de uitvoering van vele oefeningen zeker wel zijn voordelen heeft. (Probeer maar eens een mooie stiff legged deadlift uit te voeren als je stijve hamstrings hebt… *not gonna happen*!) Zeker voor personen met een zittend beroep kan regelmatig goed stretchen helpen om de spieren en gewrichten flexibel en soepel te houden. Zo kan je chronische rug- of nekklachten door een slechte zithouding ook voorkomen. Statisch stretchen doe je het best ná een cardiosessie of een lichte krachttraining. Na een heel zware krachttraining vermijd je het beter, omdat het dan blessures kan veroorzaken.

YOGA

WAT IS YOGA?

Hoewel ik echt kan genieten van een work-out in de gym of een heerlijke run, heb ik toch soms behoefte aan iets dat me nog meer, nog dieper tot rust brengt. Dan komt yoga heel goed van pas. Voor mij is yoga namelijk niet gewoon sport, voor mij is yoga ooit een lichtpuntje geweest in erg donkere tijden.

Enkele jaren geleden, toen ik midden in mijn eetstoornis zat, moest ik namelijk stoppen met intensief sporten. Begrijpelijk, want mijn lijf kon het niet meer aan, maar anderzijds was sport voor mij wel een van de enige momenten waarop de chaos en de strijd in mijn hoofd een beetje minder was. Ik was op dat moment nog niet echt vertrouwd met yoga, maar op aanraden van anderen besloot ik het toch eens te proberen.

De eerste keer was het misschien nogal onwennig en kon ik nog niet echt tot rust komen, maar al snel verloor ik mijn hart aan yoga. Ik vond het niet alleen ontzettend leuk, maar het bracht me een innerlijke rust die ik al jaren niet ervaren had. Het uurtje op die yogamat was het enige moment waarop de strijd met mezelf even verdween, een moment waarop ik gewoon even kon zijn, zonder continu te denken aan alle dingen die ik niet was… maar wel zou willen zijn.

Hoewel yoga hier onder het hoofdstuk over flexibeler worden valt, is yoga zo veel meer dan dat; flexibeler worden is eerder het neveneffect dan het doel van yoga.

Yoga is afgeleid van het Sanskriet woord: 'Yuj'. Yuj staat voor 'verbinding'. Yoga creëert door vloeiende beweging op het ritme van je ademhaling een soort bewustzijn en harmo-

nie tussen lichaam en geest. Je brengt weer een verbinding van je lichaam met je geest tot stand. Yoga zorgt er niet alleen voor dat je fysiek flexibeler en sterker wordt en meer evenwicht vindt, maar ook mentaal. Yoga helpt mensen om rust te vinden in drukke tijden.

START TO YOGA

Ideaal is het natuurlijk als je yogalessen in de buurt hebt en daar de kneepjes van het vak kan leren, maar helaas heeft niet iedereen dat geluk. Gelukkig bestaan er ondertussen veel toffe onlinevideo's om zelf mee aan de slag te gaan.

Bij yoga moet je beseffen dat het niet draait om de meest gekke (Instagramproof) poses aan te nemen of jezelf in heel oncomfortabele houdingen te pushen. Yoga gaat erom dat je echt leert te bewegen op je ademhaling, dat je je bewust wordt van hoe je lichaam voelt, van waar er spanning zit en hoe je deze spanning kan loslaten. Soms kan een pose inderdaad wat onaangenaam zijn, maar net dan is het belangrijk dat je via je ademhaling toch probeert rust en ontspanning te vinden in deze pose.

Op de volgende pagina's vind je een van mijn favoriete flows om de dag mee te beginnen of om even te ontspannen na een training. Deze flow is een variant op de klassieke zonnegroet, met wat extra poses erin om de heupen te openen en is dus zeer geschikt voor liefhebbers van krachttraining en hardlopen.

01

Begin in de 'mountain pose', rechtopstaand, met je handen naast je lichaam.

02

Bij een diepe inademing breng je je handen omhoog en buig je eventueel licht naar achteren.

03

Adem uit en buig voorover in een 'forward fold'.

04

Adem in, recht je rug en open je borst.

05

Adem uit en spring of stap met je voeten naar achteren in een hoge plank en laat je daarna zakken naar een lage plank (noot: blijf naar beneden kijken en niet naar opzij, zoals ik deed op de foto ☺).

06

Adem in en druk je romp op in een 'upward facing dog' of 'cobra'.

07

Adem uit en druk je op je voeten en armen naar achteren in een 'downward facing dog', hier blijf je vijf rustige ademhalingen staan. Je kan wat met je voeten heen en weer bewegen om je kuiten los te maken, in een lichte 'stap'-beweging.

08

Adem uit en breng je linkerbeen omhoog.

09

Adem in en stap met je linkerbeen naar voren in een lunge of 'warrior pose' en breng je armen omhoog.

10

Adem uit en kom weer in een downward facing dog.

11 & 12

Herhaal stap 8 en 9 met het rechterbeen en eindig in een downward facing dog.

13

Adem in en breng je rechterbeen naar voren in 'pigeon pose'.

14

Adem uit en kom weer in een downward facing dog. Herhaal voor het andere been.

15

Bij een inademing stap je met een been ver naar voren en draai je open naar een wijde spreidstand. Bij een uitademing buig je voorover. Houd enkele ademhalingen aan.

16

Stap bij een uitademing weer in een downward facing dog en houd 5 tellen aan.

17

Stap of spring met je voeten richting je handen en strek je benen in een forward fold.

18

Kom terug recht in mountain pose en herhaal deze 'flow' zoveel als je wil!

Eerlijk is eerlijk: ik ben zelf geen yoga-*teacher,* maar gewoon een yoga-lover. Naast de voorgaande flow valt er nog enorm veel te variëren in yoga. Gelukkig staat het internet ondertussen vol met supergoede yogavideo's. Doordat er zo veel op staat is het natuurlijk moeilijker om zelf de beste yogavideo's te vinden, dus geef ik jullie even mijn favoriet mee: *Yoga with Adriene:* zij heeft onder andere een *30-day yoga challenge* die fantastisch is voor beginners. Hier ben ik zelf ooit mee begonnen en daardoor heb ik mijn liefde voor yoga ontdekt. Ze geeft op een ongelooflijk aangename, niet té zweverige manier les en heeft een enorm aanbod aan yogavideo's. Wil jij dus thuis beginnen met yoga, dan is dit echt wel het juiste adres! Ik zou het jullie niet beter kunnen leren dan zij.

FOAMROLLEN

Sportmassage is een van de meest efficiënte manieren om herstel te bevorderen en je spieren soepel te houden. Helaas hebben de meeste mensen niet het budget om na elke training bij de persoonlijke sportmasseur op de tafel te kruipen. Maar niet getreurd, want ook daar is een oplossing voor: foamrollen, ook wel SMR genoemd (self myofasial release). Foamrollen is eigenlijk een vorm van zelfmassage.

Bij het foamrollen ga je met je spieren over de foamroller heen rollen. Je zal hierbij merken dat bepaalde plekjes pijnlijker zijn, op deze plaats bevindt zich dan een zogenaamde triggerpoint of spierknoop. In een spierknoop is de spier wat verkort en heeft die een slechte doorbloeding. Het foamrollen zal ervoor zorgen dat de spier zich terug ontspant en weer voldoende doorbloed wordt. Foamrollen tijdens je warming-up zal ervoor zorgen dat je spier tijdens een training soepeler beweegt. Je zal een groter bewegingsbereik hebben, minder kans op blessures en betere prestaties. Foamrollen na de training zorgt er dan weer voor dat je minder snel stijve spieren zal krijgen de volgende dag.

Hoe meer knopen je in een spier hebt, hoe slechter een spier zal functioneren. Door een slechte houding of door veel tijd al zittend door te brengen kunnen er zich typische patronen van verkorte, stramme spieren ontwikkelen. Die patronen van verkorte spieren zullen ervoor zorgen dat je bij training bepaalde bewegingen niet correct kan uitvoeren. Foamrollen kan helpen om deze te stramme spieren weer losser te maken en je spieren weer naar hun optimale lengte te brengen.

Eén klein nadeel: foamrollen kan best wel pijnlijk zijn. No worries, dit is normaal, maar zeker de dag na een zware training kan het een klein beetje als een marteling aanvoelen. Sommigen vinden dit een aangename pijn, anderen vinden het vreselijk... Maar hoe vaker je het doet, hoe losser je spieren zullen worden en hoe minder pijnlijk het foamrollen zal zijn. Gewoon blijven doen dus!

WANNEER KAN JE HET BEST NIET FOAMROLLEN?

Heb je extreem stijve spieren, dan is het vaak een teken dat je te ver bent gegaan en dat je spieren iets te hard beschadigd zijn. In dit geval is het beter om toch even niet te foamrollen en een dagje te wachten, tot de ergste stijfheid verdwenen is.

Vermijd met het foamrollen ook het best de pezen en aanhechtingen van je spieren. Ga dus niet op je knieën foamrollen, maar enkel erboven en eronder.

Bij spataders of andere bloedsomloopproblemen wordt foamrollen ook afgeraden.

HOE MOET JE FOAMROLLEN?
Het basisprincipe is simpel: je rolt eigenlijk een paar keer heen en weer over een spier, tot je een pijnlijk puntje vindt. Op dit punt houd je dan 30 seconden aan (of 5 rustige ademhalingen) en dan zoek je naar een volgend punt. De volgende afbeelding geeft weer hoe je verschillende spieren kan foamrollen.

01 foamrollen van de kuiten, 02 foamrollen van de bilspieren, 03 foamrollen van de IT-band, 04 foamrollen van de adductoren, 05 foamrollen van de latissimus dorsi

05

IK WIL ALLES KUNNEN COMBINEREN

Dat jij dit boek hebt gekocht, betekent volgens mij wel dat je ook echt gezond en fit wil worden.

Je wil dus een betere conditie.
Je wil sterker worden.
Én je wil leniger worden.

En liefst van al allemaal tegelijk? Dat begrijp ik. Als je op de juiste manier traint, kan dat ook, maar ik denk dat jij even goed beseft als ik dat het geen optie is om tegelijk te trainen voor een marathon en 5 kg te willen aankomen in spiermassa. Veel cardio heeft namelijk een negatieve invloed op de ontwikkeling van spiermassa.

Het draait allemaal om prioriteiten stellen, balans houden, je lichaam voldoende laten herstellen en rustig opbouwen. Wat je lichaam aankan qua training hangt ook af van wat je lichaam gewoon is. En hoe meer je lichaam gewoon is, hoe beter je ook zal herstellen.

Een belangrijke vraag die je jezelf moet stellen is wat eigenlijk voor jou het belangrijkste is: wil je je conditie sterk opbouwen, wil je voornamelijk kracht opbouwen of wil je dat alles wat strakker komt te zitten en je algemene fitheid verbetert? Hoewel krachttraining en cardio voornamelijk op andere types van spiervezels werken, gebruiken ze beide wel dezelfde energievoorraad, zenuwstelsel en deels ook dezelfde spiervezels. Als je bijvoorbeeld voor een halve marathon wil trainen, zal je focus veel meer op hardlopen liggen dan op krachttraining, en omgekeerd wanneer je bijvoorbeeld doelstellingen hebt voor een nieuw squat- of deadlift-PR (personal record).

Dit boek gaat om gezond en fit worden en niet om echt competitieve doelstellingen zoals bijvoorbeeld een (halve) marathon lopen. Ik ga hier vooral ingaan op hoe je alles het best combineert om je algemene fitheid te verbeteren. Dit betekent dat we zowel aan kracht, conditie als mobiliteit gaan werken.

HOE COMBINEER JE DIT HET BEST ALLEMAAL?

- Uit onderzoek blijkt dat je eigenlijk minstens 2 keer per week aan cardiovasculaire training moet doen om je conditie te verbeteren. Anderzijds toont onderzoek aan dat cardio pas een negatieve impact op de ontwikkeling van spiermassa heeft als men meer dan 3 keer per week een half uur aan cardio doet.
- Daarnaast dient elke spiergroep 2 keer per week geprikkeld te worden om in kracht en spiermassa toe te nemen. (Dit geldt vooral voor beginnende sporters, meer gevorderde sporters zullen meer training nodig hebben om nog progressie te merken.)

Minimaal zou je dus 2 keer een halfuurtje cardio en 2 keer een full-body krachttraining moeten doen per week om resultaat te zien. Voor het beste resultaat laat je ongeveer 24 uur tussen een kracht- en een cardiosessie. Dan ziet je week er bijvoorbeeld zo uit:

MAANDAG	DINSDAG	WOENSDAG	DONDERDAG	VRIJDAG	ZATERDAG	ZONDAG
Cardio	/	Kracht	/	Cardio	Kracht	/

Veel mensen geraken echter niet aan 4 keer per week sporten. In dat geval kan je je kracht- en cardiosessies ook na elkaar doen. Je begint dan het best éérst met je krachttraining en nadien doe je dan een cardiosessie.

Wanneer je ook echt wil beginnen met hardlopen, raad ik toch aan om dit op een andere dag te doen. Je lichaam moet hier in het begin nog zo hard aan wennen dat je al je energie nodig hebt. In het geval van de gym kan je prima de twee combineren door eerst je krachttraining te doen en nadien een cardiosessie op een apparaat. Je kan er dan voor kiezen om gewoon een halfuurtje rustig cardio doen. Wil je je vetverbranding nog extra stimuleren? Doe dan een intervaltraining (bijvoorbeeld een tabata-training). In dat geval ziet je week er dan zo uit, met minimaal 2 sportsessies.

MAANDAG	DINSDAG	WOENSDAG	DONDERDAG	VRIJDAG	ZATERDAG	ZONDAG
Kracht + cardio	/	/	Kracht + cardio	/	/	/

Om je mobiliteit te bevorderen doe je het best altijd wat dynamische stretchoefeningen en wat foamrollen voor elke sportsessie en foamroll of stretch je nog even statisch nadien. (Niet statisch stretchen na zware krachttraining!) Je kan ook altijd je dag af en toe beginnen met een leuke yogasessie zoals een zonnegroet, om niet alleen je mobiliteit te bevorderen, maar ook met een fris hoofd de dag te starten.

DEEL

03

fit food

01

INLEIDING

Daar sta ik dan. Op een festival… Met een Desperados in de ene hand en een stuk pizza in de andere hand. Zegt iemand me:

'Maar Gudrun, gij zijt toch een healthblogger, gij moogt da toch ni eten en gij moogt toch geen alcohol drinken?'

Het gebeurt wel meer dat ik van vrienden en zelfs vreemden op Instagram de opmerking krijg dat ik iets niet zou 'mogen' eten, omdat ik gezond leef. En ja, dat is inderdaad waar. Ik leef gezond. Ik ben iemand die ervoor kiest om elke dag fruit te eten, om te ontbijten met een goed voedzaam havermoutje en meestal een avondmaaltijd te bereiden met veel groenten. Ik ben iemand die bewust omgaat met eten, die aandacht besteedt aan gezonde voeding en mijn lichaam alles probeert te geven wat het nodig heeft.

Maar ik ben evengoed iemand die intens kan genieten van een pizza en een glaasje rode wijn. Ik ben evengoed iemand die bij een dessertbuffet nog een tweede keer gaat aanschuiven en die in de zomer bijna dagelijks een ijsje naar binnen speelt, omdat ik daar blij van word.

En ja, nog steeds ben ik diezelfde persoon die bewust gezond leeft. Maar ik mag alles en ik moet niets. Ik kies gewoon bewust voor dingen die mijn lichaam nodig heeft, maar soms ook voor zaken die mijn geest nodig heeft. En dat is oké. Gezond eten hoeft niet perfect te zijn. Er is nog steeds ruimte voor genieten, ook in een gezond leven.

In dit boek ga ik je dan ook niet vertellen wat je niet mag eten. Ik ga je gewoon vertellen wat je lichaam nodig heeft om gezond te functioneren en wat jij daarmee doet, is jouw keuze.

'Niets moet, alles mag. Jij kiest.'

Reebok

02
WAT IS GEZOND ETEN?

Gezonde voeding is de laatste jaren ontzettend populair. Er is bijna geen enkel onderwerp waarover in de media zoveel tegenstrijdige informatie verspreid wordt als over gezonde voeding. Is vet nu eigenlijk slecht of niet? Is brood ongezond? Zijn superfoods de magische oplossing?

Zoveel verschillende vragen. Zoveel tegenstrijdige meningen. Niet moeilijk dat de meeste mensen door het bos de bomen niet meer zien. Maar eigenlijk wordt 'gezond eten' door de media gewoon al jaren moeilijker gemaakt dan het eigenlijk echt is. Want in principe is het heel eenvoudig.

Als basis zou je voedingspatroon moeten bestaan uit producten van plantaardige oorsprong: groenten, fruit, volle granen en volle graanproducten, aardappelen, peulvruchten, noten, zaden en plantaardige oliën. Liefst in een niet-, of zo min mogelijk, bewerkte versie.

Daarnaast hoef je dierlijke producten niet volledig uit te sluiten, maar wel te beperken. Zelf ben ik vegetarisch en grotendeels vegan om ecologische en ethische redenen, maar dat is een persoonlijke keuze die ik niemand die dit boek leest zal opleggen. Maar het staat vast dat we in onze westerse maatschappij veel te veel vlees, kaas en melkproducten eten. Dierlijke producten kunnen in beperkte mate deel uitmaken van een gezond voedingspatroon, maar zijn eerder een extra en behoren niet tot de basis van een maaltijd. Als je kiest voor dierlijke producten, kies dan voor onbewerkte producten in kleinere porties en vermijd rood vlees.

Sterk bewerkte producten zoals chips, koekjes, frisdrank, fastfood, witbrood... en dergelijke heeft je lichaam niet nodig en zijn in grote hoeveelheden niet gezond. Deze voedingsmiddelen hebben geen plaats als basis van je voedingspatroon, maar kunnen af en toe geen kwaad.

03

BELANGRIJKE VOEDINGSSTOFFEN

KOOLHYDRATEN

ZIJN KOOLHYDRATEN ONGEZOND?

Lange tijd werd er door diverse dieetgoeroes geroepen dat koolhydraten slecht voor je zijn en vermeden moeten worden. 'Brood is de dood.'

Ik weet niet wie dit ooit heeft verzonnen, maar het is gewoon onzin. Ten eerste is de ene vorm van koolhydraten de andere niet, en hoewel sommige vormen (suikers) inderdaad beter slechts minimaal geconsumeerd kunnen worden, zijn andere vormen (complexe koolhydraten en vezels) van koolhydraten net essentieel voor een gezond lichaam en hebben ze een belangrijke plaats in de basis van je voedingspatroon.

Oké, waarvoor hebben we koolhydraten nu nodig en wat zijn verschillende vormen van koolhydraten?

WAAROM HEBBEN WE KOOLHYDRATEN NODIG?

Koolhydraten, ook wel 'carbs' genoemd (afkorting van *carbohydrates*), zijn voor ons lichaam de belangrijkste bron van energie. Eet je te weinig koolhydraten, dan zal je je futloos en slap voelen. Onze hersenen werken namelijk enkel op glucose, de bouwsteen van koolhydraten, maar ook onze spieren functioneren vooral op glucose.

WELKE VERSCHILLENDE VORMEN VAN KOOLHYDRATEN BESTAAN ER?

- **Monosachariden**: zoals glucose en fructose
- **Disachariden:** zoals sucrose, lactose en maltose. Zij zijn samengesteld uit twee monosachariden.
- **Polysachariden:** zoals zetmeel en glycogeen, bestaande uit een hele keten van monosachariden.

Mono- en disachariden worden ook wel aangeduid als **'eenvoudige koolhydraten'** of **'suikers'**, en polysachariden als **'complexe koolhydraten'**.

In de darmen worden alle koolhydraten afgebroken tot monosachariden voor ze worden opgenomen in het bloed. In het lichaam wordt een deel hiervan direct gebruikt als energiebron, de rest wordt in de lever en spieren opgeslagen onder de vorm van glycogeen. Wat niet meteen gebruikt kan worden als energie of niet als glycogeen kan worden opgeslagen, wordt omgezet naar vet en opgeslagen in vetcellen.

WAAROM ZIJN COMPLEXE KOOLHYDRATEN GEZONDER DAN EENVOUDIGE KOOLHYDRATEN?

Zowel complexe als eenvoudige koolhydraten worden in de darm omgezet in glucose. Voor je lichaam is er geen verschil of die glucose nu van snoep komt of van rijst. Toch zijn complexe koolhydraten gezonder.

Complexe koolhydraten hebben meer tijd nodig in de darm om afgebroken te worden tot de bouwsteen glucose. Hierdoor zal het dus meer tijd én energie vergen om complexe koolhydraten te verteren. Je zal dus veel minder snel weer honger hebben.

Daardoor zorgen complexe koolhydraten ook voor een trage en constante aanvoer van glucose en dus een langdurige energieaanvoer. Dit in tegenstelling tot eenvoudige koolhydraten, die meteen worden opgenomen. Ze zorgen voor sterke pieken in de bloedsuikerspiegel. Je krijgt er dus even een energieboost van, maar daarna krijg je een 'suikerdip', wat je naar nog meer suiker zal doen verlangen.

Een ander nadeel aan de meeste producten met veel eenvoudige koolhydraten is dat ze je lichaam eigenlijk behalve energie niet veel te bieden hebben. Snoep, koekjes, frisdrank… allemaal rijk aan snelle suikers, maar eigenlijk hebben ze verder amper voedingswaarde. Een uitzondering hierop is fruit, dat naast snelle suikers ook veel vezels en vitaminen bevat.

WAARVOOR ZIJN VEZELS BELANGRIJK?
Vezels zijn een onverteerbare vorm van koolhydraten. Vezels zijn cruciaal voor een gezonde spijsvertering en stoelgang. Vezels zorgen er eigenlijk voor dat je darmen goed hun werk kunnen doen.

Belangrijke bronnen van vezels zijn volkorengranen, aardappelen en groente en fruit (met schil!).

ENKELE VOORBEELDEN VAN GEZONDE VOEDINGSMIDDELEN RIJK AAN KOOLHYDRATEN EN VEZELS

Verse groenten, vers fruit, haver, aardappelen en zoete aardappelen, zilvervliesrijst, quinoa; bulgur, peulvruchten, boekweitgranen, spelt- en speltproducten, volkoren tarweproducten

EIWITTEN

WAARVOOR HEBBEN WE EIWITTEN NODIG?

Eiwitten of proteïnen zijn de bouwstoffen die we nodig hebben voor het beschermen, behouden, versterken en herstellen van spierweefsel. Daarnaast zijn ze belangrijk voor het uitvoeren van andere belangrijke lichaamsfuncties zoals onder andere zuurstoftransport en immuniteit.

Eiwitten zijn opgebouwd uit aminozuren. Er bestaan zo'n 20 verschillende aminozuren, waaronder 8 essentiële aminozuren. Essentiële aminozuren verschillen van de andere doordat het lichaam ze niet zelf kan aanmaken en het dus noodzakelijk is om ze met de voeding in te nemen.

Om te vermijden dat je lichaam je spieren gaat afbreken om er energie uit te halen is het belangrijk dat je voeding voldoende eiwitten, en zeker voldoende essentiële aminozuren bevat. Elk voedingsmiddel verschilt echter in de samenstelling van aminozuren. Daarom is het belangrijk om te variëren in je eiwitbronnen zodat je alle essentiële aminozuren binnenkrijgt.

ZIJN EIWITSHAKES ECHT NODIG ALS JE SPORT?

Een eiwittekort is in onze moderne samenleving eigenlijk zo goed als onbestaande. Sporters die aan kracht- of duursport doen hebben echter een hogere behoefte aan eiwitten. Zowel voor spiergroei als voor spierherstel na een training zijn eiwitten onmisbaar.

Heel dikwijls zie je fanatieke sporters eiwitshakes gebruiken om voldoende eiwitten binnen te krijgen. Ik krijg daarom dan ook dikwijls de vraag of eiwitshakes echt nodig zijn als je sport.

Het korte antwoord luidt: neen.

Het lange antwoord: Het is perfect mogelijk om met gewone, natuurlijke voeding voldoende eiwitten binnen te krijgen. Zeker voor de recreatieve sporter zijn eiwitshakes niet nodig. Voor de fanatieke sporter kan het wel handig zijn om een eiwitsupplement te gebruiken om zeker voldoende eiwitten binnen te krijgen voor spierherstel. Het is namelijk gemakkelijk om overal mee naartoe te nemen en om snel na je training te drinken. Maar nodig… neen, het kan ook prima zonder!

Zelf probeer ik eigenlijk het meeste van mijn eiwitten uit mijn voeding te halen, maar voeg ik ook soms een schep plantaardig eiwitpoeder toe aan mijn havermout, *smoothies* of iets anders, *just to be sure.*

WAAR HALEN VEGETARIËRS HUN EIWITTEN UIT?

De bekendste producten rijk aan eiwitten zijn dierlijke producten zoals vlees, vis, eieren en melkproducten. Als vegetariër krijg ik regelmatig de vraag of ik niet te weinig eiwitten binnenkrijg.

Dierlijke producten zijn echt niet de enige bron van eiwitten, want ook als vegetariër of veganist kan je prima aan voldoende eiwitten komen met plantaardige voeding. Zo bevatten peulvruchten, noten, zaden en pitten, tofoe, seitan, tempé, en sommige groenten en granen ook erg veel eiwitten. Hierbij is het alleen iets belangrijker dat je goed varieert in je plantaardige eiwitbron, omdat ze een minder volledig aminozuurprofiel bevatten.

Let wel op met vleesvervangers: tofoe, seitan, quorn en tempé in de gewone vorm zijn supergezond. Maar vegetarische voeding is geen synoniem van gezond. Want veel vleesvervangers zoals vegetarische burgers, balletjes en worstjes bevatten extreem veel zout en vetten, waardoor het minder gezonde keuzes zijn voor elke dag.

Hier enkele eenvoudige tips voor het kiezen van een gezonde vleesvervanger:
- Kies voor een product met meer dan 10 gram eiwitten en minder dan 10 gram vet per 100 gram.
- Kies voor een product met minder dan 650 milligram natrium (zout) per 100 gram

VOORBEELDEN VAN GEZONDE VOEDINGS-MIDDELEN RIJK AAN EIWITTEN

Onbewerkt wit vlees, vis en eieren, vleesvervangers: tofoe, seitan, tempé, quorn, soja en sojaproducten , noten en zaden, bonen en peulvruchten, broccoli, champignons, mais, quinoa, bulgur, zuivelproducten

VETTEN

Vroeger waren vetten de boeman, nu meestal koolhydraten. Maar hoe je het ook draait of keert, je lijf heeft deze voedingsstoffen gewoon even hard nodig als eiwitten. En neen, van vetten eten word je niet dik. Van te veel vetten wel, maar van te veel eiwitten ook. Té is nooit goed.

Oké, nu we het erover eens zijn dat vetten niet de duivel zijn, kunnen we dieper ingaan op wat vetten nu net zijn, waarvoor ze nodig zijn en wat het verschil is tussen alle soorten.

WAAROM HEBBEN WE VETTEN NODIG?

Vetten zijn onder andere nodig voor de absorptie van bepaalde vitamines (zoals vitamine K, A, D en E), voor de opbouw en het onderhouden van cellen en weefsels, voor de werking van ons immuunsysteem en voor de opbouw en werking van hormonen. Je hebt ze dus écht nodig, ja!

WAT ZIJN VETTEN EN WELKE VERSCHILLENDE SOORTEN ZIJN ER?

Vetten zijn opgebouwd uit vetzuren. Vetzuren kunnen verzadigd zijn of onverzadigd (de chemische uitleg laat ik hier even achterwege). Als ruwe richtlijn kan je stellen dat verzadigde vetten op kamertemperatuur vast zijn en onverzadigde vloeibaar. De meeste dierlijke vetten zijn verzadigd en plantaardige vetten onverzadigd. Een uitzondering hierop zijn kokosvet en palmolie, dit zijn plantaardige vetten die toch rijk zijn aan verzadigde vetten!

Onverzadigde vetten worden over het algemeen als heel gezond beschouwd en zijn meestal van plantaardige oorsprong (op vette vis na). Hieronder vallen ook poly-onverzadigde vetzuren, zoals *omega-3 vetzuren*. Dit zijn **essentiele vetzuren**, wat wil zeggen dat ons lichaam ze niet zelf kan aanmaken. Omega-3 is bijvoorbeeld nodig om ons lichaam te beschermen tegen hart- en vaatziekten. Onverzadigde vetten zijn dus een essentieel onderdeel van ons voedingspatroon.

Er is echter één uitzondering op deze regel en dat zijn **transvetten**. Transvetten zijn namelijk ook onverzadigde vetten, maar ze hebben een afwijkende chemische structuur en verhogen sterk het risico op hart- en vaatziekten (nog meer dan verzadigd vet). Transvetzuren worden gevormd als *nevenproduct* bij de industriële omzetting van plantaardige oliën in geharde plantaardige vetten. Maar je kan zelf ook transvetten creëren als vetten oververhit worden of frituurvet te lang gebruikt wordt! Let er dus altijd op dat je olijfolie of andere olie nooit te lang laat verhitten in de pan! Wanneer je in de ingredientenlijst van een product 'gehard plantaardig vet' of 'gehydrogeneerde vetten' ziet staan, dan kan je dit product beter vermijden of het zo min mogelijk gebruiken.

Verzadigde vetten werden vroeger geassocieerd met een hoger risico op hart- en vaatziekten. Tegenwoordig komt men hier steeds meer op terug en blijkt dat verzadigde vetten in beperkte mate helemaal niet zo slecht zijn voor de gezondheid. Enkel in grote hoeveelheden worden ze geassocieerd met een hogere kans op hart- en vaatziekten. Een gematigde dosis verzadigd vet kan dus niet zoveel kwaad als vroeger gedacht werd. Je hoeft ze dus niet te verbannen, maar je kan het best je inname wat beperken.

WAT MOET JE DUS ONTHOUDEN?
Onverzadigde (plantaardige) vetten zijn gezond, verzadigde (dierlijke) vetten zijn niet ongezond mits ze in beperkte mate geconsumeerd worden en transvetten kunnen best vermeden worden.

VOORBEELDEN VAN PRODUCTEN MET GEZONDE ONVERZADIGDE VETTEN

Noten, zaden, olijven, avocado's, plantaardige oliën

Rijk aan omega 3: lijnzaad, koolzaad, walnoten, vette vis (zalm, makreel, haring)

What about kokosolie?

Kokosolie is hip en wordt door foodies geprezen omwille van het ongeraffineerde, 'natuurlijke' karakter. Anderzijds bestaat kokosolie wel bijna volledig uit verzadigde vetten. Er wordt door *health-goeroes* soms gedaan alsof het een wondermiddel zou zijn en alsof het beter is dan andere plantaardige vetten. Dit is helaas onvoldoende wetenschappelijk bewezen. De populariteit is vooral te danken aan marketing en een *health-hype*, maar het is dus niet bewezen dat het gezonder zou zijn dan plantaardige oliën. Het is niet ongezond, maar zeker niet gezonder dan andere plantaardige vetten. Consumptie met mate is aangewezen.

WAT DAN MET CHOLESTEROL?
Cholesterol heeft in het algemeen een nog veel slechtere reputatie dan vetten. Maar ook hier is het niet zo'n zwart-wit verhaal. Wist je dat bijvoorbeeld je geslachtshormonen en cortisol gemaakt worden van cholesterol? Dat cholesterol een belangrijke bouwsteen is van de hersenen en een essentieel bestanddeel van de celwand? Yep, inderdaad, ook cholesterol is een noodzakelijke nutriënt voor ons lichaam en wordt door onze lever zelf aangemaakt omdat we het zo hard nodig hebben.

Waarom dan al die ophef over cholesterol?

Er is inderdaad wel een associatie tussen *cholesterol in het bloed en hart-en vaatziekten.* Maar ook hier moeten we weer nuanceren. Cholesterol komt namelijk op verschillende manieren voor in het bloed. Twee vormen hiervan zijn **LDL** (low density lipoproteïnen) en **HDL** (high density lipoproteinen).

- De **LDL** is de grote boosdoener, LDL is namelijk het partikel dat cholesterol naar de weefsels brengt. Normaal is dit onschuldig en kunnen de weefsels deze cholesterol gebruiken. Wanneer er echter te veel LDL is zal het zich ophopen in de bloedvatwand en zorgen voor aderverkalking.
- **HDL** is dan weer de 'goede cholesterol'. Dit is het partikel dat overtollig cholesterol uit de weefsels weer naar de lever transporteert. Hoe meer HDL, hoe beter!

Het is dus de verhouding van LDL tegenover HDL die maakt of je bloedcholesterol slecht is en dan vooral een **lage HDL en hoge LDL wordt heel sterk geassocieerd met hart- en vaatziekten.**

Een teveel aan verzadigde vetten wordt vooral geassocieerd met verhoogde LDL, (Belangrijk is hierbij wel te vermelden dat er bepaalde genetische defecten bestaan waardoor je LDL veel hoger ligt dan normaal. Voor deze personen is het heel belangrijk om die verzadigde vetten echt te gaan vermijden).

VITAMINES

Vitamines zijn onmisbaar voor veel processen in het menselijk lichaam. Globaal gezien maken we onderscheid tussen

- In vet oplosbare vitaminen: A, D, E en K
- Wateroplosbare vitaminen: C en alle B-vitaminen

Over het algemeen komen in onze westerse wereld vitaminetekorten heel weinig voor, zeker wanneer je gezond en gevarieerd eet. Daarom zijn multivitaminesupplementen in het algemeen eigenlijk overbodig. In dit boek bespreek ik daarom enkel drie vitamines die wél wat extra aandacht verdienen: vitamine B12, vitamine D en foliumzuur.

VITAMINE B12

Vitamine B12 is noodzakelijk voor de aanmaak van rode bloedcellen en een adequate werking van het zenuwstelsel. Vitamine B12 is een vitamine die van nature enkel in dierlijke producten te vinden is, waardoor er bij vegans soms een tekort kan optreden. (Sommige vleesvervangers of plantaardige producten zijn echter wel verrijkt met vitamine B12.)

Een tekort aan vitamine B12 is erg gevaarlijk. Daarom raad ik vegans altijd aan om een supplement vitamine B12 te gebruiken.

VITAMINE D

Het lichaam heeft vitamine D nodig om voldoende calcium uit de voeding te kunnen opnemen. Calcium is essentieel voor sterke botten en tanden. Een tekort aan vitamine D kan bij kinderen leiden tot botmisvorming (rachitis) en bij ouderen tot osteomalacie, waarbij men heel zwakke en pijnlijke botten krijgt. Daarnaast is vitamine D nodig voor een goede immuniteit en de vorming van cellen in meerdere organen.

Ons lichaam maakt zelf vitamine D aan onder invloed van zonlicht op de huid. Normaal volstaat dagelijks een kwartier tot halfuur in de zon om voldoende vitamine D aan te maken. Een klein deel van vitamine D halen we uit onze voeding (zoals bijvoorbeeld uit vis, eigeel en bepaalde voedingsmiddelen verrijkt met vitamine D).

Een tekort aan vitamine D komt veel voor bij kinderen, ouderen en zwangere vrouwen. Hierbij is een supplement aan vitamine D

altijd aangewezen. Bij de rest van de populatie komt een vitamine D-tekort dikwijls voor in de winter door een tekort aan zonlicht, vooral naar het einde van de winter toe. Daarom wordt ook aangeraden om in de winter een supplement aan vitamine D bij te nemen.

Let echter wel op: vitamine D is geen wateroplosbare vitamine en kan je lichaam dus niet zomaar weer uitplassen als je er te veel van neemt. Een teveel aan vitamine D is eveneens gevaarlijk. Neem daarom niet zomaar supplementen onder het mom 'beter te veel dan te weinig', en overschrijd de aanbevolen dagelijkse hoeveelheid niet. De hoge gezondheidsraad beveelt een dosis van 10 µg per dag aan bij volwassenen in de winter. Ouderen, zwangere vrouwen en vrouwen die borstvoeding geven wordt een dosis van 20 µg aangeraden.

FOLIUMZUUR OF VITAMINE B11

Foliumzuur is betrokken bij de vorming van rode bloedcellen en de ontwikkeling van de hersenen en het ruggenmerg bij een foetus, waardoor het een extreem belangrijke vitamine is voor vrouwen die zwanger zijn of zwanger willen worden. Daarom wordt een supplement foliumzuur altijd aanbevolen aan zwangere vrouwen of vrouwen die zwanger willen worden.

MINERALEN

Naast vitaminen zijn er ook verschillende mineralen zoals calcium, natrium, magnesium, kalium, fosfor, ijzer, jodium… die we nodig hebben als bouwstof voor ons skelet en onze verschillende lichaamsweefsels. Ik schenk in dit boek daarom aandacht aan enkele mineralen die zeker voor actieve personen van groot belang zijn:

NATRIUM

Natrium (zout) is erg belangrijk voor het regelen van de vochtbalans en de contracties van de spieren. Wanneer men erg veel zweet of heel lang sport, verliest men veel natrium met het zweet en moet dit weer aangevuld worden. Een normale maaltijd na het sporten volstaat meestal om dit verlies te compenseren. In sommige gevallen, bij zeer langdurige inspanningen of hitte, kan je tijdens je inspanning sportdrank gebruiken.

WANNEER HEB JE SPORTDRANK NODIG?

Veel mensen die sporten grijpen meteen naar de sportdrank, want ze denken dat dit gezond is en dat het ervoor zal zorgen dat ze beter presteren. Maar is dit ook werkelijk zo? Heb je sportdrank nodig? Hiervoor gelden de volgende regels op basis van de duur van de inspanning:

- **<30 MIN:** na de inspanning voldoende water drinken volstaat (tenzij bij grote hitte).
- **+30 MIN, <60 MIN:** tijdens inspanning tussen 125 ml en 250 ml water per kwartier.
- **+ 60 MIN:** eerste 30 min tot uur is water voldoende, na een uur kun je overstappen op isotone sport drank (tussen 4 en 8 g suiker/ 100 ml).
- **+ 2 UUR:** eerst water, dan hypertone sportdrank (>8 g suiker/ 100 ml).

Zoals je ziet is sportdrank dus enkel nodig bij zeer langdurige, intensieve inspanningen en is het voor de meeste recreatieve sporters niet nodig.

IJZER

IJzer is nodig voor de aanmaak van hemoglobine en dus ook voor rode bloedlichaampjes. Een tekort aan ijzer wordt bloedarmoede genoemd. Dit kan zich uiten in extreme vermoeidheid, een snellere hartslag en gebrek aan eetlust. IJzertekort treedt erg dikwijls op bij vrouwen door bloedverlies bij de menstruatie, maar ook bij veganisten en fanatieke sporters komt een ijzertekort soms voor. IJzer vind je van nature in groene groenten, peulvruchten en vleeswaren, maar wordt niet altijd even goed opgenomen. IJzersupplementen kunnen bij een tekort nuttig zijn, maar dienen altijd in samenspraak met een arts te gebeuren na een bloedonderzoek. Zeker voor fanatieke sporters is het aan te raden om toch af en toe het ijzergehalte in het bloed te laten bepalen.

MAGNESIUM

Magnesium heeft een belangrijke rol in de werking van spieren en de overdracht van prikkels door de zenuwbanen. Intensief trainen zorgt ervoor dat je samen met het zweet ook magnesium verliest. Personen die vaak langdurig en intensief sporten hebben daardoor een hogere behoefte aan magnesium dan anderen. Een tekort aan magnesium kan aanleiding geven tot spierkrampen. De belangrijkste bronnen van magnesium in onze voeding zijn graanproducten, groenten en melkproducten. Bij heel intensief sporten kan een magnesiumsupplement soms aangewezen zijn.

04
ENERGIEBEHOEFTE

CALORIEËN

Calorieën, een heel onschuldig woord met een heel negatieve lading. Terwijl er eigenlijk helemaal niets mis mee is, integendeel... Ons lichaam zou niet functioneren zonder.

Maar wat zijn calorieën nu juist en wat doen ze?

Eigenlijk zijn calorieën voor ons lichaam wat benzine is voor een auto: calorieën leveren ons lichaam de energie om te werken. Een calorie is eigenlijk gewoon de eenheid voor energie of warmte. Deze energie wordt voor het grootste deel door je lichaam gebruikt voor levensbelangrijke processen zoals de werking van je hart, longen, lever, nieren, darmen... Dit zijn processen die losstaan van beweging en dag en nacht doorgaan, dus ook 's nachts blijft die motor draaien en verbrand je energie. Een kleiner deel van deze energie wordt gebruikt voor beweging zoals lopen, staan, zitten, typen...

Calorieën worden dus gebruikt voor primaire lichamelijke processen en fysieke activiteit. Maar hoeveel calorieën heb je hiervoor nu echt nodig?

Om dit echt exact te weten zou je allerlei ingewikkelde metingen in een labo moeten laten doen. Gelukkig zijn er verschillende wetenschappelijke formules ontwikkeld die ons toelaten om een ruwe schatting te maken van wat een bepaalde persoon op een dag gemiddeld verbrandt.

BMR OF BASAL METABOLIC RATE

Je BMR of je 'basal metabolic rate' is het aantal calorieën dat je lichaam gebruikt om je stofwisseling in rust op gang te houden en dus je longen, hart, nieren, hersenen... te laten werken, los van elke fysieke activiteit. Dit is dus wat je zou verbruiken op een dag als je 24 uur lang stilligt en dit is dus wat je écht minimaal nodig hebt om je lichaam te laten functioneren. Zelfs wanneer je probeert af te vallen is het niet slim om minder te gaan eten dan je BMR. Dit kan ervoor zorgen dat je lichaam in een soort 'spaarstand' terechtkomt, omdat het niet meer alle basale processen goed kan uitvoeren en dus zal je lichaam op elke mogelijke manier proberen energie te besparen.

Met de Harris-benedict formule kan je je basaal metabolisme berekenen:

BMR VROUWEN

655 + (9,6 X GEWICHT IN KILO'S)
+ (1,8 X LENGTE IN CM)
- (4,7 X LEEFTIJD IN JAREN)

BMR MANNEN

66 + (13,7 X GEWICHT IN KILO'S)
+ (5 X LENGTE IN CM)
- (6,8 X LEEFTIJD IN JAREN)

Ter referentie: mijn BMR is ongeveer 1400. Ik verbruik dus met een hele dag NIETS, maar dan ook NIETS te doen al 1400 kcal. Al die diëten die beweren dat een vrouw maar 1200 kcal per dag nodig heeft, zijn pure onzin. Tenzij je een meisje bent van 1m20, kan je lichaam hier niet goed op functioneren.

Naast je BMR verbruik je calorieën bij elke beweging die je maakt. Afhankelijk van je activiteitsniveau zal het totale aantal calorieën dat je op een dag verbruikt verschillen. Zit je de hele dag op een stoel, dan zal je uiteraard minder verbruiken dan wanneer je de hele dag hard fysiek werk verricht. Ook verbrand je natuurlijk meer wanneer je veel sport.

Om je totale dagelijkse energieverbruik te berekenen vermenigvuldig je je BMR met een 'activiteitsfactor': dit kan gaan van 1,2 als je echt sedentair bent, 1,5 als je licht actief bent tot 1,9 als je heel actief bent.

Uiteraard blijft dit telkens slechts een schatting en kan het zijn dat jij in de praktijk meer of minder verbrandt!

MOET IK CALORIEËN TELLEN?

Calorieën en macro's (verhouding van eiwitten, vetten en koolhydraten) nauwgezet bijhouden werkt om gewicht te verliezen, daar ben ik 100% zeker van en daarom is het ook zo immens populair. Het grote probleem hierbij is dat het je eigenlijk leert om te vertrouwen op afgemeten en afgewogen hoeveelheden voeding en vaste porties, maar niet meer op je honger- en verzadigingssignalen.

Veel te dikwijls heb ik bij personen gezien dat ze niet meer durfden te stoppen met tellen na een lange tijd calorieën tellen, omdat ze bang waren dan elke houvast te verliezen. Op hun buikgevoel vertrouwen durven ze niet meer óf kunnen ze zelfs niet meer. Het is soms moeilijk om daarna weer te leren vertrouwen op je gevoel. Regelmatig zie ik het stoppen met calorieën tellen ontaarden in eetbuien.

Ik weet wel dat het een van de meest effectieve en bewezen methoden is om af te vallen, maar dat betekent daarom niet dat het de methode is waar je het gelukkigst van wordt.

Bovendien focust deze methode enkel op de kwantiteit van voeding, terwijl het de kwaliteit is die telt. Een handje noten bevat bijvoorbeeld dikwijls evenveel of meer calorieën dan een koekje, maar zit wel boordevol gezonde voedingsstoffen en een koekje niet...

In dit boek ga ik het verder niet al te veel over calorieën hebben. Ik wil je gewoon duidelijk maken dat 'calorieën' helemaal niet de negatieve bijklank verdienen die er over het algemeen aan vasthangt. Ik wil je erop wijzen dat je lichaam brandstof nodig heeft om te functioneren en dat je lichaam niet kan overleven op een crashdieet van 500 kcal per dag, of dat de 1200 kcal die vele dieetgoeroes voorschrijven als behoefte van een vrouw simpelweg niet klopt.

Wat wil ik dan wel doen? Jou leren stap voor stap aanpassingen te maken in je voeding om zo je eigen weg te vinden naar een gezonde levensstijl die bij je past.

05

IN 8 STAPPEN NAAR EEN GEZOND EETPATROON

In de inleiding gaf ik al aan dat gezond eten eigenlijk vooral steunt op 4 basisprincipes:

1. Zo veel mogelijk kiezen voor plantaardige producten
2. Inname van dierlijke producten beperken
3. Vooral water drinken
4. Zo veel mogelijk kiezen voor onbewerkte of minimaal bewerkte producten.

Maar hoe zet je dat nu allemaal om in de praktijk? Ik help je met enkele praktische tips op weg naar een gezond eetpatroon!

01.
Groenten als basis

Onze westerse cultuur en zeker de Belgische of Nederlandse keuken vertrekt vaak vanuit dierlijke producten of graanproducten (bijvoorbeeld pasta) als basis voor een gerecht. We kopen vlees/vis en gaan kijken wat we daarbij kunnen maken. Draai dat denkpatroon om. Groenten worden meestal gezien als bijgerecht, maar laat ze voortaan het hoofdbestanddeel zijn.

Het principe van een gezonde maaltijd is eigenlijk heel eenvoudig:

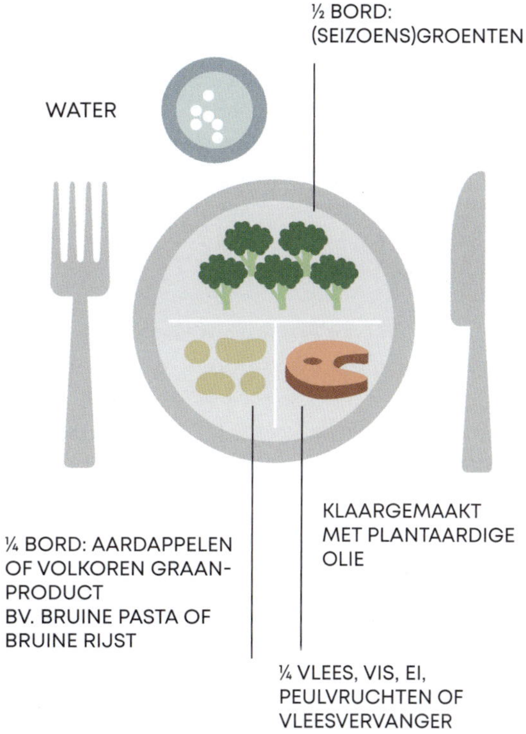

(afbeelding van www.gezondleven.be)

Zorg ervoor dat je altijd de helft van je bord bij een warme maaltijd vult met groente, een kwart met vlees/vis/peulvruchten of vleesvervanger en een vierde van een bord met volkoren graanproducten of aardappelen.

Twijfel je nog een beetje over wat een **normale portie** is? Dan heb ik een handig trucje voor je!

- Een portie vis, vlees of vleesvervanger is ongeveer de grootte van je handpalm (dus zonder je vingers. Een portie peulvruchten mag wat groter zijn, ter grootte van een gebalde vuist.
- Een portie koolhydraten heeft ongeveer de grootte van een gebalde vuist (Dit geldt voor de ongekookte versie!)
- Groenten mag je eigenlijk zo veel nemen als je wil, maar minimaal drie porties per dag. Voor vaste groenten is een portie ongeveer een gebalde vuist, voor bladgroenten twee handenvol.

Kortom, een gezonde maaltijd bevat normaal twee porties groente, een portie vlees en een portie koolhydraten.

Dit geldt zo voor een **warme maaltijd**, maar probeer ook eens zo over je **lunch** te gaan nadenken. In plaats van de klassieke boterhammenlunch, probeer ik ook altijd voor mijn lunch deze verhoudingen aan te houden. Ik eet wel brood, daar is helemaal niets mis mee, maar ik probeer er wel meestal iets van groenten (in de vorm van een salade of soep) en een eiwitbron (in mijn geval vaak peulvruchten) bij te eten.

Bij het **ontbijt** ligt dit natuurlijk anders, zeker wanneer je graag voor een zoet ontbijt kiest, zoals ik. In dat geval kies je het best voor *een portie koolhydraten* (zoals havermout, granola…), *een portie fruit en iets eiwitrijks* zoals een zuivelproduct, zuivelvervanger, handje noten of een schep plantaardig eiwitpoeder (dit doe ik soms in smoothies, havermout of pannenkoeken).

EAT THE RAINBOW

Een van de gemakkelijkste manieren om ervoor te zorgen dat je alle vitaminen en mineralen binnenkrijgt? Maak je voeding zo kleurrijk mogelijk. En dan heb ik het niet over kleurstoffen, maar over variëren in groenten en fruit in alle verschillende kleuren.

DRIE GROENTE-HACKS OM CALORIEËN TE BESPAREN IN JE FAVORIETE GERECHTEN.

01. Leven zonder pasta? *No way!* Courgettepasta is dé ideale oplossing als je wat kilo's kwijt wil. *Super easy:* snijd een courgette in slierten met een spiraalsnijder, bestrooi met wat zout en laat even 'zweten' om het overtollige vocht eruit te krijgen. Dan verwarm je de slierten in een wokpan of de magnetron en klaar is je pasta. Gewoon combineren met je favoriete saus, liefst met veel groentjes ☺ and *you're good to go!*

02. Een gerecht met rijst maken? Bloemkool- of broccolirijst to the rescue! Gewoon in een goede foodprocessor een rauwe bloemkool of broccoli fijnmalen tot het een beetje de consistentie heeft van rijst, even 2 minuten opwarmen met een beetje olie in de pan en hoppaaa, klaar is Kees!

03. Zin in echte winterse kost? *Yes please!* Aardappelpuree is heel lekker en eigenlijk al helemaal niet zo calorierijk op zich, maar vervang meer dan de helft door groenten (broccoli, wortels, bloemkool, prei…) en je hebt een super low-cal, maar voedzame maaltijd.

02.
Kies producten die zo min mogelijk bewerkt zijn

Een groot probleem in onze moderne maatschappij is dat onze voedingswaren vaak veel te veel bewerkt zijn, waardoor ze te veel suiker, zout en vet bevatten. Bovendien neemt het 'bewerken' van voedsel ook al een deel van het werk van je darmen weg, waardoor het voedsel veel sneller verteerd wordt en je bovendien minder energie gebruikt om het te verteren.

> 'When you start eating food without labels, you do no longer need to count calories.'

Voorbeelden van bewerkte producten zijn kant-en-klaarmaaltijden, snoep, koekjes, frisdrank, bewerkte vleesproducten, chips, groenten in blik, cornflakes…

Enkele tips bij het winkelen:

LAAT JE NIET VANGEN DOOR VERPAKKINGEN

- Het eerste ingrediënt op het etiket zit het meeste in je product, het laatste het minste. Staat er dus als eerste ingrediënt glucose- of fructosestroop, dan laat je het beter liggen.

- Producenten zijn sneaky en hebben niet graag dat suikers als eerste ingrediënt op de verpakking staan… Om de consument de indruk te geven dat er minder suiker in het product zit gebruiken producenten verschillende soorten suikers in hun product in kleinere percentages, zodat ze die verder in de ingrediëntenlijst kunnen 'verstoppen'. Naast glucose en fructose worden ook de benamingen dextrose, siroop, diksap, kandij, karamel, lactose, sacharose, maltose invertsuiker, rietsuiker, melasse(stroop), kandijsuiker, basterdsuiker, kristalsuiker en vanillesuiker veel gebruikt als alternatief.

- Laat je niet misleiden door verpakkingen. Bij Fristi bijvoorbeeld staat er veel fruit op de verpakking, terwijl er slechts 0,01% aardbei in het drankje zit. In sommige vruchtenyoghurts zit bijvoorbeeld ook maar 1% fruit. Kijk daarom naar de ingrediënten en laat je niet zomaar leiden door de beelden op de verpakkingen.

- Let op wanneer de voedingswaarden ook per portie worden aangegeven op de verpakkingen. Soms lijkt het alsof een product laag is in calorieën, maar is de portie die men hanteert zo klein dat het niet overeenkomt met de realiteit. Een 'portie' cornflakes is volgens de verpakking 30 gram… terwijl een kom cornflakes vaak drie tot vier keer zoveel is. Bij dinokoeken komen de voedingswaarde per 'portie' overeen met de voedingswaarde per koek, terwijl ze per drie verpakt zitten.

Voor een gezond eetpatroon kies je het best zo veel mogelijk voor natuurlijke producten of voor producten die zo dicht mogelijk bij hun natuurlijke vorm aanleunen, waar zo weinig mogelijk aan toegevoegd is. Hoe minder ingrediënten er op een etiket staan, hoe beter.

Kies bijvoorbeeld bij graanproducten zo veel mogelijk voor de volgranen variant, waarbij de vezels bewaard zijn, bijvoorbeeld volkorenbrood, volkorenpasta, volgraan-rijst, natuurmuesli enzovoort in plaats van witbrood, witte rijst, cornflakes…

Een grote uitzondering op deze regel zijn voorgesneden groenten en fruit uit de diepvries. Die zitten inderdaad ook in zakjes en zijn ook bewerkt in de zin dat ze voor-gesneden zijn. Maar deze groenten worden dikwijls meteen na het oogsten gewassen, gesneden en ingevroren, waardoor ze soms nog meer vitamines bevatten dan de verse producten die al heel lang open en bloot in een supermarkt liggen. Zelf gebruik ik zeker in drukke periodes vaak zakken diepvriesgroenten die je gewoon in de pan moet gooien en opwarmen, om aan mijn porties groenten te komen. Ook gebruik ik heel vaak diepvriesfruit in mijn smoothies. Gemakkelijk, snel en perfect gezond!

ZIJN LIGHT- OF SUIKERVRIJE PRODUCTEN BETER DAN DE GEWONE VERSIE?

NEEN. Dit is dus een grote mythe. De term 'light' mag worden gebruikt als het verschil in energiewaarde (kcal), vetten of suikers in vergelijking met het oorspronke-lijke voedingsmiddel minimaal 30 procent bedraagt. Soms betekent dit inderdaad dat er effectief minder calorieën in zitten (bijvoorbeeld bij frisdrank), maar soms wordt een deel van de hoeveelheid suiker vervangen door meer vet, of omgekeerd! Zo bevat een zak lightchips misschien minder vet, maar wel meer suiker (jep, echt waar!), suikervrije choco minder suiker, maar wel meer vet enzovoort... Bij melkproducten betekent 'mager' gewoon dat er niet veel vet in zit, maar er kan in magere yoghurt wel heel veel suiker zitten. Let er dus op dat de verkooptrucjes je niet in de luren leggen, want vaak zijn de gewone producten zelfs nog gezonder dan de lightversie.

03.
Eet langzaam en met aandacht

In het eerste hoofdstuk gaf ik al aan dat we tegenwoordig met veel te veel zaken tegelijk bezig zijn. Onderzoek heeft uitgewezen dat mensen die andere dingen doen terwijl ze aan het eten zijn (krant lezen, tv-kijken, gsm…), méér eten dan diegenen die effectief met aandacht eten. Maak tijd voor je maaltijden en eet niet snel snel onderweg, terwijl je tv-kijkt of op je gsm bezig bent. Houd je tijdens een maaltijd even met niets anders bezig dan het eten zelf.

Eet daarnaast ook langzaam. Als je eet, wordt er een verzadigingshormoon, leptine, aangemaakt dat naar je hersenen wordt gestuurd om te signaleren dat je gegeten hebt en verzadigd bent. Dat proces duurt echter ongeveer 20 minuten. Als je dus heel snel eet, geef je dit proces de tijd niet om te werken en zal je je al snel overeten.

WORD JE DIK VAN ETEN NA 20 UUR?

Een andere héél populaire mythe is dat je dik zou worden van eten na acht uur 's avonds. Ik eet elke dag na 20 uur. Ben ik dik? *Don't think so.* Het is echt niet zo dat je lichaam wat je na acht uur eet ineens als vet zal opslaan. Wat uiteindelijk telt is het verschil tussen de energie die je opneemt en wat je verbrandt. Als je in totaal niet meer eet dan je verbrandt, dan kom je niet aan. *Simple as that.* Het probleem is dat eten na 20 uur vaak gepaard gaat met snacken voor de tv. Doordat je dan helemaal niet bewust eet, eet je vaak meer dan dat je normaal zou eten én doordat je 's avonds wat vermoeid bent, ga je bovendien sneller ongezonde keuzes maken. Veel mensen snacken vaak véél en erg ongezond voor de tv en dat leidt er inderdaad toe dat ze bijkomen. 's Avonds voor het slapen nog wat yoghurt of een andere gezonde snack eten is daarentegen helemaal prima, meer nog, je spieren herstellen 's nachts, dus een eiwitrijke snack voor het slapen gaan is zelfs een goed idee!

04.
Drink voldoende water

Ons lichaam bestaat voor 50 tot 70% uit water. Dagelijks geraken we vocht kwijt via onze urine, ademhaling en zweet. Het is dus erg belangrijk om voldoende water te drinken om deze watervoorraad op peil te houden. Een gemiddelde volwassene heeft zo'n 1,5 à 2,5 liter water nodig per dag, en als je sport zelfs meer. Anderhalve liter komt overeen met zo'n acht glazen water. Zelf heb ik een herbruikbare aluminium fles van 0,75 liter altijd bij me. Die vul ik dagelijks ongeveer drie keer, zodat ik zeker voldoende water binnenkrijg. (Let er wel op dat je die fles af en toe goed reinigt, zodat het geen broeihaard wordt voor bacteriën!)

PIMP JE WATER

Je kan je water een frisse toets geven door er een infusie van te maken. Laat er wat schijfjes citroen, limoen of grapefruit, muntblaadjes, frambozen of iets dergelijks enkele uren in trekken voor een lekkere smaak. Icetea kan je ook maken door thee enkele uren in koud water te laten trekken.

IS KOFFIE ONGEZOND?

Bij velen heerst de opvatting dat koffie erg ongezond is. Zelf heb ik echter ook al dingen gelezen die het tegendeel beweren en volgens sommige bronnen kan koffie je beschermen tegen bepaalde ziektes. Heel kort gezegd: cafeïne in beperkte hoeveelheden (1 tot 4 kopjes per dag) kan voor de meeste mensen geen kwaad. Grotere hoeveelheden dan 4 kopjes per dag vermijd je beter. Ook hier geldt dus weer: té is nooit goed. Daarnaast zijn sommige mensen van nature gevoeliger voor cafeïne, waardoor ze zelfs bij 1 à 2 kopjes al negatieve effecten kunnen ervaren (spiertremor, angstigheid, misselijkheid…).

Personen met een hoge bloeddruk of hartproblemen kunnen het best hun cafeïnegebruik beperken. Na het drinken van cafeïne zal je bloeddruk namelijk stijgen. Na 1 kopje zal je hart door die bloeddrukstijging normaal gezien trager gaan kloppen ter compensatie. Maar na meerdere kopjes zal je hart ook sneller beginnen slaan. Voor gezonde mensen is dit niet echt een probleem, maar voor mensen met hartproblemen of een hoge bloeddruk wel.

Ook mag cafeïne nooit gebruikt worden als een vervanging van slaap. Cafeïne zorgt inderdaad voor een energieboost en betere concentratie, maar dat compenseert absoluut niet de negatieve gevolgen van een slaaptekort. Daarom drink je het best zeker 6 uur voor je gaat slapen geen cafeïnehoudende drank meer, aangezien dit de slaap negatief kan beïnvloeden.

05.
Fuel your muscles

Trainen is belangrijk om een fit en sterk lichaam te krijgen, maar zonder de juiste voeding sta je eigenlijk nergens. Ook jouw 'motor' heeft brandstof nodig. Als je spieren wil opbouwen, maar te weinig voedingsstoffen binnenkrijgt, dan gaat dit niet lukken en is al je harde werk voor niets. Daarnaast kan de juiste voeding voor een training bepalen of je training top gaat of net verschrikkelijk slecht.

WAT EET JE VOOR EEN TRAINING?

Uiteraard hangt het ervan af wanneer je traint om te weten wat je het best kan eten. Sowieso is aan te raden om niet meteen na het eten te gaan lopen of de gym in te duiken, maar minstens 30 minuten te wachten na een snack, of 2 uur na een volledige maaltijd. Wanneer je eet, gaat er energie naar je darmen om voeding te verteren. Energie die jij net nodig hebt om te sporten. Bovendien is sporten met een volle maag ook niet erg prettig. Ik hanteer meestal de volgende regel: wanneer het meer dan 2 uur geleden is dat ik een maaltijd gegeten heb, neem ik nog een extra snack 30 minuten voor het trainen.

Waaruit bestaat die snack best?
Wanneer jij tijdens je work-out optimaal wil presteren zijn koolhydraten dé perfecte energiebron. Je lichaam kan namelijk **koolhydraten** het snelst en best gebruiken als voeding voor je spieren. Koolhydraten vormen dan ook het hoofdbestanddeel van je prework-out-meal of snack. Het beste is om voor een zware training een mix van complexe en eenvoudige koolhydraten te gebruiken.

Mijn favoriete prework-outsnack is en blijft een banaan, omdat die niet te zwaar op de maag ligt. Als ik een zware of lange training gepland heb, eet ik liever wat volkoren crackers of een volkorenboterham met banaan. Zo kan de banaan me in het begin van energie voorzien (snelle koolhydraten) en later in mijn work-out het volkoren brood of crackers (trage koolhydraten).

Te veel **vetten** vermijd je beter voor je training, ze verteren heel traag en kunnen zwaar op de maag liggen. Voor erg lange trainingen (langer dan 1,5 uur) kan een kleine dosis vetten echter wel een goede extra zijn, bijvoorbeeld wat pindakaas, omdat ze je dan laat in je work-out nog van energie kunnen voorzien. **Eiwitten** kan je lichaam ook niet gebruiken als energiebron tijdens je training. Bovendien worden ze net als vetten traag verteerd en hebben ze meer energie nodig om verteerd te worden, wat dus een negatieve impact kan hebben op de energie die beschikbaar is voor je spieren. Als je hoofdmaaltijden voldoende eiwitten bevatten zijn eiwitten als prework-outsnack niet nodig.

WAT EET JE HET BEST NA EEN TRAINING?

Na een training zijn **eiwitten** *your best friend.* Eiwitten zijn nodig om je spieren te herstellen en sterker te maken na de training. Het belangrijkste is dat je verspreid over de hele dag sowieso voldoende eiwitten binnenkrijgt, je kan niet aan je eiwitbehoefte voldoen door enkel na je training wat extra eiwitten te eten en verder niets. Probeer er dus op te letten dat je bij élke maaltijd ook een eiwitbron gebruikt. Na je training eet je het best iets met ongeveer 20 à 30 gram eiwitten. Ofwel in een volwaardige maaltijd, ofwel in een postwork-outsnack.

Daarnaast zijn ook **koolhydraten** na je training belangrijk, om je glycogeenvoorraad weer aan te vullen. Op deze manier vermijd je dat je lichaam de eiwitten gaat verwerken tot glycogeen om je voorraad weer aan te vullen, maar kunnen alle eiwitten die je binnenkrijgt gebruikt worden voor spierherstel.

Mijn favoriete postwork-outsnacks zijn bijvoorbeeld kwark (of een plantaardige vervanger in mijn geval) met muesli, een lekkere smoothie met wat (plantaardig) eiwitpoeder erin, een eiwitreep of rijstwafels of crackers met cottagecheese.

06.
Bereid je voor

MEALPREPPEN

Ik vind koken zelf heel fijn, maar ook ik heb geen tijd om elke dag uitgebreid in de keuken te staan. Vroeger moesten vrouwen niet gaan werken en was er daardoor tijd om elke dag uitgebreid vers eten op tafel te toveren. Tegenwoordig is dat echter niet meer waar en is tijdsgebrek meestal de reden waarom mensen naar een snelle, ongezonde hap grijpen.

Een goede voorbereiding is daarom *the key* om op drukke dagen toch gezond te blijven eten. Ik kook eigenlijk bijna nooit maar voor één dag en maak altijd alles in grotere porties, zodat ik de dag nadien of zelfs twee dagen nadien ook nog eten heb. Ik kook bijvoorbeeld op zondag ook voor maandag en dinsdag, en op woensdag nog een keer voor de dagen nadien. Zo hoef ik eigenlijk maar één dag in de werkweek echt te koken. Heb ik een drukke week in het vooruitzicht, dan probeer ik op zondag tijd uit te trekken om voor de hele werkweek te koken. Dit verdeel ik dan in porties en daarvan vries ik een deel in.

In de volksmond wordt dit ook 'mealpreppen' genoemd. Ik heb hier alvast enkele mealpreptips voor jou:

- Investeer in handige, stapelbare, magnetronbestendige bakjes, om je eten in op te bergen in de koelkast of diepvriezer.
- In de koelkast is een maaltijd ongeveer 2 (vis) à 3 (vlees en de rest) dagen houdbaar, in de diepvriezer 3 maanden.
- *Mix it up!* Je kan heel eenvoudig variatie aanbrengen doorheen de dagen. Maak bijvoorbeeld twee soorten groenten, twee soorten vlees/vis/vleesvervanger/peulvruchten en twee soorten graanproducten/aardappelen. Vervolgens maak je hier verschillende combinaties mee, zodat je toch elke dag een beetje een andere maaltijd hebt.
- Maak pastasauzen, soepen, chili sin/con carne en dergelijke altijd in bulk en vries wat in. Op die manier heb je altijd nog wel iets in de diepvriezer zitten voor in noodgevallen. Het kost je bovendien echt amper meer tijd om bijvoorbeeld 2 kg chili sin carne te maken in plaats van 1 kg.

Waarom weinig maken als je ook gewoon meer kan maken en nog wat achter de hand kan houden voor later?
- Heb je echt weinig tijd? Dan zijn voorgesneden groenten uit de diepvries je beste vriend. Supereenvoudig klaar te maken en even gezond als verse groenten.
- Zoek eens op pinterest op mealprepping voor enorm veel inspiratie!

GEZONDE SNACKS

Zorg ervoor dat je altijd een gezonde snack en water bij hebt naar je werk, school, onderweg of als je ergens heen gaat. Dit zorgt ervoor dat je veel minder snel in de verleiding zal komen om ongezond te snacken. Ik heb bijna altijd wel een fles water, stuk fruit of een eiwitreep of mueslireep mee in mijn tas, waar ik ook ga.

07.
Beperk alcohol

Work hard, play harder is zowat mijn levensmotto. Ik train heel hard, maar ik maak minstens even graag plezier. Een drankje af en toe hoort daar voor mij gewoon bij. Toch probeer ik bewust om te gaan met alcohol en mijn inname ervan te beperken. Alcohol is namelijk niet je beste vriend als je gezond en fit probeert te worden.

Waarom niet?
- Alcohol heeft een diuretische werking, dit betekent dat je nieren meer urine gaan produceren en dat je dus veel meer risico loopt op uitdroging of oververhitting wanneer je gedronken hebt (of de dag nadat je gedronken hebt).
- Zelfs als je geen kater hebt en maar enkele biertjes/wijntjes hebt gedronken de dag voordien, zal je merken dat je prestaties minder zijn en dat je veel sneller verzuurd geraakt. Dit komt omdat je lever nog bezig is met de toxische metabolieten van alcohol weg te werken en dus minder capaciteit heeft om melkzuur of lactaat af te breken, waardoor verzuring sneller optreedt én dat hij minder goed glucose kan verwerken, waardoor je minder energie hebt.
- Alcohol bevat uiteraard aardig wat calorieën. Wanneer je dus probeert te sporten om jezelf wat in shape te krijgen, is veel alcohol drinken niet meteen *the way to go.* Één biertje bevat ongeveer 100 kcal, een gin-tonic tikt al aan boven de 200 kcal per glas, om nog maar te zwijgen van een pina colada of long island icetea, die maar liefst rond de 700 kcal per drankje bevatten.
- Alcohol heeft daarnaast ook een negatieve invloed op spieropbouw op lange termijn. Ten eerste heeft alcohol een negatief effect op slaap en groeihormonen, essentieel voor spiergroei! Daarnaast is het negatieve effect van alcohol op testosteron in meerdere onderzoeken aangetoond. Minder testosteron betekent dus ook minder spiergroei! Last but not least doet het drinken van alcohol het niveau van cortisol of stresshormoon stijgen, wat net voor de afbraak van spiermassa zorgt.

Ik denk dat het duidelijk is dat alcohol en gezond leven geen beste vrienden zijn. Af en toe eens een glaasje of eens een avond uit de bol gaan kan écht geen kwaad, maar ga er bewust mee om.

adidas

08.

Maak dingen die je lekker vindt

Smaken en geuren verschillen en zo kan ik bijvoorbeeld havermout ongelooflijk lekker vinden, terwijl mijn beste vriendin nog liever gras zou eten als ontbijt. Gezond eten moet niet alleen gezond zijn, het moet vooral ook lekker zijn, anders houd je het niet vol. Probeer daarom vooral veel uit en onthoud wat je ook écht lekker vindt.

Nog een tip is om naar gezondere varianten van je favoriete gerechten en snacks op zoek te gaan. Ik weet bijvoorbeeld dat ik zelf een enorme zoetekauw ben en dat ik gelukkig word van pannenkoeken... ik maak voor mezelf dus meermaals per week pannenkoeken als ontbijt of lunch, maar dan een gezonde versie, belegd met vers fruit en wat plantaardige yoghurt. Een perfect gezond ontbijt en zoooo lekker (het recept vind je in dit boek op p. 184). Ook eet ik graag spaghetti, dus maak ik vaak volkorenspaghetti met een saus met heel veel groenten. En om aan mijn chocoladecravings te voldoen maak ik gezonde brownies (staan ook in dit boek op p. 214).

Ga voor jezelf eens na welke dingen je lekker vindt en ga op onderzoek uit (op het internet vind je heel wat inspiratie) of je hier geen gezondere versie van kan vinden. Gezond eten hoeft echt niet saai of smakeloos te zijn. Doordat ik eigenlijk altijd dingen maak die ik lekker vind, heb ik nooit het gevoel dat ik iets mis of dat het een moeilijke opgave is om gezond te eten. Ik kijk oprecht uit naar mijn lekkere, gezonde maaltijden en kan er net zo goed van genieten als van een pak friet uit de frituur.

> ‘Eet geen dingen die je niet lust, alleen omdat ze gezond zijn, maar eet net dingen die gezond zijn, omdat je ze ook graag lust.’

06

RECEPTEN

Dit boek is geen kookboek, dus heel ingewikkelde recepten moet je hier niet verwachten. Ik bundelde wel recepten van de dingen die ik zelf regelmatig eet. Veel basisreceptjes die supereenvoudig te bereiden zijn en waar je zelf je eigen twist aan kan geven. Perfect om een basis te leggen voor een gezond eetpatroon.

HAVERMOUT

Klassieke havermoutpap

basisrecept:

INGREDIËNTEN VOOR 1 PERS.

40 g havermout (ongeveer 4 grote eetlepels)
250 ml plantaardige melk (amandelmelk, havermelk, sojamelk, cashewnotenmelk, hazelnootmelk... kies zelf wat je het lekkerste vindt)

BEREIDING

IN DE MAGNETRON: Meng de havervlokken met de melk en zet ze zo'n 3 minuten ongeveer in de magnetron, tot de melk kookt. Hoe lang precies nodig is hangt af van de sterkte van de magnetron. Laat nadien nog 2 minuutjes staan alvorens je aanvalt.

IN DE PAN: Verwarm op een medium hoog vuur tot de melk kookt en laat vervolgens nog enkele minuutjes op een laag vuur doorkoken tot het goed ingedikt is.

tip

Meng voor wat extra eiwitten een halve (of hele) lepel eiwitpoeder door je havermout ná het opwarmen!

havermout-inspiratie:

Met havermout kan je eindeloos variëren, ik geef je alvast enkele ideetjes!

Havermout met pindakaas en banaan

INGREDIËNTEN

1 banaan
1 eetlepel pindakaas
eventueel wat cacao nibs

BEREIDING

Deze variant kan je op twee manieren maken. Ofwel bereid je je havermout zoals in het basisrecept en voeg je achteraf de toppings toe, ofwel prak je de banaan eerst door de havermout en verwarm je hem mee. Ik ben persoonlijk meer fan van de eerste versie, zonder de banaan mee te verwarmen, maar sommigen vinden dit net lekkerder!

Appeltaarthavermout

INGREDIËNTEN

1 appel
1 eetlepel rozijntjes
2 walnoten
1 theelepel ahornsiroop
een beetje boter om te bakken
½ theelepel kaneel of speculaaskruiden

BEREIDING

Meng de kaneel of speculaaskruiden met het basisrecept en bereid de havermout zoals gewoonlijk.

Schil de appel en snijd hem in stukjes. Verwarm wat boter in een pannetje en bak hierin de appelblokjes goudbruin.

Verpulver de walnoten met je handen en voeg ze samen met de rozijnen en de ahornsiroop op het einde toe in de pan. Bak nog een minuutje en giet het dan op de havermout. Smakelijk!

havermout-groente-hack

Courgette-havermoutje met bosvruchten en chocolade

INGREDIËNTEN

⅓ courgette
basisrecept havermout
1 handje bosvruchten
stukje pure chocolade

BEREIDING

Was een courgette en rasp tot je een flinke handvol geraspte courgette hebt. Doe dit in een pannetje samen met de havermout en de melk en verwarm op het vuur tot je een gladde pap bekomt.

Werk af met bosvruchten en een paar stukjes pure chocolade.

Carrot-cake oats

INGREDIËNTEN

2 kleine wortels of 1 grote
basisrecept havermout
1 eetlepel ahornsiroop
½ theelepel speculaaskruiden
snufje vanillepoeder
paar walnoten
rozijntjes

BEREIDING

Schil en rasp de wortels. Verwarm ze in een pannetje samen met de havermout, melk, ahornsiroop, speculaaskruiden en het vanillepoeder.

Werk af met gehakte walnoten en rozijntjes.

HAVERMOUT

Overnight oats

Heb je 's ochtends niet echt tijd om rustig te ontbijten of iets klaar te maken? Dan is dit een van mijn favoriete go-to ontbijtjes om mee te nemen: overnight oats.

basisrecept:

INGREDIËNTEN

45 g havermout (ongeveer 4 eetlepels)
250 ml plantaardige melk of 125 ml plantaardige melk en 125 ml plantaardige yoghurt

BEREIDING

Doe de havermout met de melk (en eventueel yoghurt) in een kom en meng goed. Zet een nacht in de koelkast en 's ochtends is je havermout klaar!

overnight-oats-inspiratie:

Pindakaas-banaan overnight oats

Meng het basisrecept met een lepel pindakaas en zet in de koelkast. Werk af met banaan en cacao nibs. Yummmm

Kokos-bosvruchten overnight oats

Meng het basisrecept met een lepel geraspte kokos. Werk af met bosvruchten en wat kokoschips.

HAVERMOUT

Baked oatmeal

basisrecept:

INGREDIËNTEN VOOR 2 PERS.
90 g havermout
250 ml plantaardige melk
1 grote, rijpe banaan
1 eetlepel gebroken lijnzaad gemengd met 2,5 eetlepels water (op voorhand gemengd in een kopje!) OF 1 ei
1 theelepel agavesiroop / kokosnectar /...
snufje zout
snufje vanillepoeder

BEREIDING

Verwarm de oven voor op 185°C.

Mix alle ingrediënten in een blender, voeg fruit en andere toppings toe en bak in 45 minuten goudbruin in de oven.

baked-oatmeal inspiratie:

Banaan-pindakaas baked oats (mijn favoriet!)

Meng het basisrecept met een lepel pindakaas en bak zoals aangegeven. Werk af met wat extra pindakaas, een paar schijfjes banaan en enkele pindastukjes. Hemels.

Amandel-framboos baked oats

Meng het basisrecept met een handje frambozen en 2 eetlepels amandelschilfers.

Chocolate-chip blueberry baked oats

Meng het basisrecept met een handje blauwe bessen en een handje pure chocolate chips.

Appeltaart baked oats

Schil een appel en snijd hem in stukjes.

Meng het basisrecept met een theelepel speculaaskruiden, de stukjes appel en wat rozijntjes.

HAVERMOUT

Vegan havermoutpannenkoekjes

basisrecept:

INGREDIËNTEN

250 ml plantaardige melk (1 cup)
90 g havermeel (1 cup)
1 grote, rijpe banaan
1 theelepel bakpoeder (voor als je *fluffy* pancakes wil, maar het gaat ook zonder!)
vetstof om te bakken

BEREIDING

Mix alle ingrediënten in de blender. Bak de pancakes goudbruin in een pan met wat vetstof op een medium vuur. *Enjoy!*

tip

Havermeel kan je trouwens ook gewoon zelf maken door havermout fijn te malen in de blender.

Vegan protein pancakes

Wil je graag pancakes met wat meer eiwitten? Maak dan vegan protein pancakes van het vorige recept. Hiervoor voeg je gewoon een lepel eiwitpoeder en eventueel iets meer melk toe aan je recept, et voilà!

topping variaties:

- Met banaan en pindakaas
- Met gebakken appeltjes, ahornsiroop en rozijntjes
- Met mango en kokos
- Met blauwe bessen en chocolade
- …

tip

Ik gebruik hiervoor een schep ter grootte van een Engelse cup. Hier kan exact 250 ml in, en je hebt precies die hoeveelheid havermeel nodig. Heel handig, want dan hoef je niets af te wegen!

HAVERMOUT

Granola

Voor dit recept heb je grove havervlokken nodig en niet de gewone havermout die je gebruikt voor havermoutpap. Begin altijd met het basisrecept en voeg er gewoon aan toe waar je zin in hebt en wat je lekker vindt. Easy peasy!

basisrecept:

INGREDIËNTEN

200 g grove havervlokken
2 eetlepels kokosnectar, agavesiroop of ahornsiroop
2 eetlepels gesmolten kokosolie of andere plantaardige olie

BEREIDING

Meng de ingrediënten met een lepel of met je handen. Verspreid ze over een bakplaat.

Bak in 15 à 25 minuten goudbruin op 180°C. Roer om de 5 minuten even om.

toevoegingen:

- Noten (ongeroosterd, maximaal 150 gram, meebakken): pecannoten, walnoten, hazelnoten, cashewnoten, pistachenoten, amandelen, pindanoten.
- Zaden (maximaal 50 gram, meebakken): chiazaad, maanzaad, lijnzaad, pompoenpitten, zonnebloempitten…
- Gedroogd fruit (pas toevoegen na de bereiding, naar smaak): rozijnen, gedroogde cranberries, gojibessen…

Chiapudding

basisrecept:

INGREDIËNTEN VOOR 1 PERS.

3 eetlepels chiazaad
150 ml plantaardige melk
1 eetlepel kokosnectar, ahornsiroop of agavesiroop
eventueel snufje vanillepoeder en/of kaneel

BEREIDING

Meng de ingrediënten in een kommetje (of een mason jar zoals op de foto) en laat enkele uren of een nacht in de koelkast staan. Werk af met vers fruit en andere toppings naar keuze.

chiapudding inspiratie:

Mango-kokos chiapudding

Meng kokosrasp met het basisrecept en voeg er mango en kokoschips aan toe. Gebruik kokosmelk om de chiapudding mee te bereiden.

Choco-chiapudding met banaan en hazelnoten

Bereid het basisrecept met hazelnootmelk en een schep cacaopoeder. Werk af met banaan en geroosterde hazelnoten.

Blueberry-pecan chiapudding

Bereid de chiapudding volgens het basisrecept met vanille en werk af met blauwe bessen en pecannoten.

Smoothiebowl

basisrecept:

INGREDIËNTEN

Ongeveer 200 gram bevroren fruit naar keuze

Bevroren banaan of mango geeft de beste textuur. Als ik ander fruit, zoals frambozen, blauwe bessen, bosvruchten of ananas kies, dan gebruik ik meestal banaan of mango als basis (zo'n 100 à 150 gram) en voeg ik er vervolgens een handvol ander fruit aan toe. Zo blijft je textuur lekker romig! Een bevroren banaan kan je het best 10 minuutjes voor gebruik al uit de diepvriezer halen.

Ongeveer 125 ml plantaardige melk of kokoswater (of iets meer, tot de textuur goed is)

Toppings naar keuze

tip

Meng een halve of volledige lepel eiwitpoeder doorheen je smoothiebowl voor wat extra eiwitten!

variaties:

Green power smoothiebowl:

1 bevroren banaan
1 handvol spinazie
½ avocado
125 ml amandelmelk
toppings naar keuze

Tropische smoothiebowl

80 g bevroren mango
80 g bevroren ananas
½ bevroren banaan
125 ml kokosmelk
1 passievrucht + kokosrasp en kokoschips als topping

Peanutbutter smoothiebowl

1,5 à 2 bevroren bananen
1 flinke eetlepel pindakaas
125 ml amandelmelk
pindastukjes, cacao nibs en eventueel wat stukjes banaan als topping

tip

Snijd je banaan in stukjes voor je hem invriest, anders gaat het heel moeilijk worden. Vries in per portie.

Smoothies

Als je bovenstaande receptjes maakt met wat meer vocht of met vers fruit in plaats van bevroren fruit, krijg je een gewone smoothie die je gemakkelijk kan drinken.

Avocado-appel-munt smoothie

½ avocado
1 appel geschild en in stukken gesneden
sap van ½ limoen
paar blaadjes munt
250 ml water

Gember-sinaas groene smoothie

200 ml water
2 handenvol spinazie
1 sinaasappel, uitgeperst
1 banaan
1 eetlepel geraspte, verse gember
10 cm komkommer

Matcha-peer protein smoothie

1 lepel plantaardig eiwitpoeder
250 ml amandelmelk
1 peer, geschild en in stukken gesneden
1 grote handvol verse spinazie
½ theelepel matchapoeder

SNELLE SALADES

Marokkaanse kikkererwtensalade

INGREDIËNTEN VOOR 3 À 4 PERS.

500 gram gekookte quinoa (ongekookt ongeveer 160 gram)
2 blikken kikkererwten

Om de kikkererwten te roosteren:

- 1 eetlepel olijfolie
- ras el hanout
- cayennepeper
- zout

280 g geraspte wortelen
125 g rucola
2 handjes pistachenoten, licht geroosterd
150 g feta, verkruimeld (vegan feta of eventueel weglaten voor vegan versie)
1,5 handje rozijnen
3 eetlepels fijngesneden munt

Dressing:

3 eetlepels olijfolie
3 eetlepels limoensap
1 theelepel Dijonmosterd
1 theelepel agavesiroop
3/4 theelepel chilipoeder
½ theelepel zout
¼ theelepel kaneel

BEREIDING

Verwarm de oven voor op 200°C.

Meng de kikkererwten met de kruiden en olijfolie. Verspreid ze op een met bakpapier beklede bakplaat en rooster ze ongeveer 20 minuten. Roer om de 5 minuten even om.

Meng dan alle ingrediënten voor de dressing door elkaar in een kommetje.

Doe in een grote saladekom, of op een bord, alle ingrediënten voor de salade en de geroosterde kikkererwten, werk af met de dressing.

SNELLE SALADES

Falafel bowl

INGREDIËNTEN VOOR DE FALAFELS

250 g kikkererwten, die je 24 uur moet laten weken in een kom met water
2 tenen knoflook, geperst
1 ui, in stukjes
2 theelepels komijnzaad
1/2 theelepel zout en zwarte peper
3 à 4 eetlepels volkorenbloem
2 eetlepels olijfolie

BEREIDING

Doe alle ingrediënten behalve de olijfolie en de bloem in een foodprocessor. Mix tot een kruimelig deeg. Doe er de bloem beetje bij beetje bij tot je het deeg wat droger wordt en je er balletjes van kan maken zonder dat het te veel aan je handen blijft plakken.
Plaats het deeg 2 uur in de koelkast en vorm er dan balletjes van.
Bak met flink wat olijfolie goudbruin in de pan.

INGREDIËNTEN VOOR 1 PERS.

ongeveer 100 g falafel (4-5 falafelballetjes), gebakken
¼ komkommer
handvol spinazie
¼ avocado
paar kerstomaatjes
andere groenten, zoals geraspte worteltjes of paprika
handvol kikkererwten (die kan je ook altijd even roosteren zoals in de salade op p. 194, of in de pan bakken met wat olijfolie, peper, zout en chilipoeder)
ongeveer 100 g voorgekookte couscous/quinoa/bulgur
1 à 2 eetlepels hummus (zie recept p. 204)

BROOD OF CRACKERS MET BELEG

Hummus

basisrecept:

INGREDIËNTEN
1 blik kikkererwten (400 g)
2 eetlepels olijfolie
3 eetlepels sesampasta
1 teentje knoflook, geperst of fijngesneden
1 citroen, uitgeperst
1 theelepel zout
1 theelepel mild paprikapoeder

BEREIDING
Gooi alle ingrediënten in een keukenmachine en mix tot een gladde massa.

variaties:

Hummus met zongedroogde tomaten

Mix door het basisrecept een handvol zongedroogde tomaten en wat oregano.

Hummus met pompoen

Rooster 250 g pompoen (geschild en in blokjes gesneden) met olijfolie, peper en zout ongeveer 30 minuten in de oven op 200°C. Laat even afkoelen en mix met het basisrecept.

mijn favoriete combo's:

- Volkorenbrood met hummus, avocado, falafelstukjes en pijnboompitten
- Volkorenbrood met hummus met zongedroogde tomaten, afgewerkt met linzen, olijfjes, rucola en zongedroogde tomaat
- Volkorenbrood met pompoenhummus, champignons en geitenkaas

Thaise curry

basisrecept:

INGREDIËNTEN VOOR 4 PERS.

ongeveer 700 à 800 g groenten naar keuze: broccoli, peulen, paprika, sojascheuten, champignons...
400 à 500 g peulvruchten/vleesvervanger/vlees/vis
1 rode ui
1 blik kokosmelk
2 eetlepels rode, gele of groene currypasta
1 scheutje vissaus (dit kan je weglaten als je vegetarisch bent)
2 eetlepels sesamolie
2 cm gember
1 eetlepel kokosolie
sap van een limoen
handvol verse koriander
enkele lente-uitjes

BEREIDING

Maak eerst de groenten schoon en snijd ze in stukken (tenzij je een zak wokgroenten gebruikt, natuurlijk).

Schil en snijd de gember fijn

Verhit wat olie in een wokpan en bak er de vlees/vis/vleesvervanger in gaar. Neem de pan en houd apart.

Verhit een eetlepel kokosolie in een grote wokpan of diepe pan en fruit hierin de ui.

Voeg er de sesamolie, kokosmelk, currypasta, koriander en gember aan toe.

Laat vervolgens de groenten garen in de curry in de pan.

Voeg er als laatste nog de vissaus en het limoensap aan toe, voeg het vlees/de vis of de vleesvervanger erbij en laat nog heel even garen.

Werk af met wat gesnipperde lente-uitjes.

Wokschotel met shiitake

INGREDIËNTEN VOOR 2 PERS.

200 g gekookte rijst/noedels
250 g shiitake
250 g sugarsnaps
250 g sojascheuten
250 g tempé
2 lente-uitjes
2 eetlepels sesamzaad
2 eetlepels sojasaus
2 eetlepels oestersaus
2 theelepels sesamolie
verse koriander
peper, zout en gember naar smaak

BEREIDING

Kook eerst de rijst of noedels gaar zoals op de verpakking staat aangegeven.

Snijd de tempé en de lente-uitjes in stukken.

Verhit in een pan de sojasaus, oestersaus en sesamolie en bak hierin de rest van de ingrediënten (behalve het sesamzaad, verse koriander en de voorgekookte rijst/noedels) gaar. Kruid naar smaak.

Verdeel de rijst/noedels en de wok over twee borden en werk af met het sesamzaad en verse koriander.

Courgettepasta met tomaat-groentesaus en feta

INGREDIËNTEN VOOR 2 PERS.

2 kleine courgettes
1 rode ui
1 teentje knoflook
4 grote dikke wortels
1 rode en 1 gele paprika
1 blikje tomatenblokjes
1 handje verse basilicum
80 g feta
peper, zout en olijfolie

BEREIDING

Verwarm de oven voor op 180°C.

Snijd de courgettes met een spiraalsnijder in slierten en leg ze in een grote ovenschaal (bewaar de restjes courgette voor in de saus).

Verhit wat olijfolie in een grote pan.
Fruit hierin de ui en de knoflook. Voeg daarna de rest van de groenten toe en bak even aan.

Roer er dan de tomatenblokjes en de verse basilicum doorheen, breng op smaak met peper en zout en laat nog even verder garen.

Sprenkel ondertussen wat olijfolie, zwarte peper en zout op de courgetteslierten en bedek de ovenschaal met aluminiumfolie. Plaats dit 10 minuten in de voorverwarmde oven.

Als de courgettepasta en de saus gaar zijn, verdeel je alles over de borden en verkruimel je hierover de feta.

Pasta uit de oven met groenten en mozzarella

INGREDIËNTEN VOOR 4 PERS.

400 g kippenblokjes
400 g tomatenblokjes
250 g tomatenpassata
300 g pasta (ongekookt)
180 g buffelmozzarella
handje verse basilicum
handje verse oregano
1 teentje knoflook
1 rode ui
100 g verse kerstomaatjes
2 rode paprika's
2 gele paprika's
olijfolie, peper, zout,
paprikapoeder

BEREIDING

Snipper de ui en de knoflook. Snijd de paprika's fijn en zet ze even aan de kant.

Kruid de kippenblokjes goed met peper, zout en paprikapoeder. Verhit wat olijfolie in een pan en bak hierin de kippenblokjes kort aan – ze hoeven niet doorbakken te zijn, want ze garen nog verder in de oven! Houd de blokjes even apart.

Verhit wat olijfolie in een pan en fruit hierin de ui en de knoflook, voeg er nadien de paprika aan toe en bak even terwijl je regelmatig roert.

Voeg na enkele minuutjes de tomatenblokjes en passata toe en verhit al roerend verder.

Snijd de basilicum en oregano in grove stukken en voeg die bij de tomatensaus. Kruid met flink wat peper, zout en paprikapoeder, en eventueel met wat cayennepeper als je het wat meer spicy wil.

Draai het vuur lager en laat de saus nog even sudderen.

Breng water aan de kook en kook de pasta zoals aangegeven op de verpakking.

Neem een grote ovenschaal en verspreid hierin de gekookte pasta en meng de tomatensaus en de kippenblokjes erdoorheen.

Snijd de kerstomaatjes in de helft en leg ze erbovenop.

Snijd de mozzarella in schijfjes en bedek hiermee de pastaschotel.

Plaats de pastaschotel ongeveer 15 minuten in de oven op 180°C. Zet nog ongeveer 10 minuten onder de grill totdat de mozzarella een heerlijk korstje vormt!

Vegan zwartebonenbrownies

INGREDIËNTEN

1 blik zwarte bonen
2 eetlepels cacaopoeder (puur cacaopoeder, zonder suiker)
40 g havermout
75 g agavesiroop
2 eetlepels kokosbloesemsuiker
50 g kokosolie
140 g pure chocolate chips
2 theelepels vanille-extract
1 theelepel bakpoeder
snufje zout
Optioneel: extra chocolate chips of gesmolten chocolade ter decoratie

BEREIDING

Verwarm de oven voor op 185°C.

Smelt de chocolate chips en combineer met de rest van de ingrediënten in een foodprocessor. Mix tot een glad beslag.

Leg een vel bakpapier in een rechthoekige brownievorm en druk dit goed aan tegen de randen. Giet hierin het beslag en plaats voor ongeveer 18 minuten in de voorverwarmde oven.

Haal de brownies uit de oven, maar laat ze eerst volledig afkoelen alvorens je ze probeert te snijden. Zet je ze eerst nog enkele uren in de koelkast voor je ze snijdt, dan zullen ze nog veel steviger worden.

Granolabars

Je kan deze repen ook invriezen. Maak dus onmiddellijk een grote hoeveelheid, want je kan ze bewaren voor later!

INGREDIËNTEN VOOR ONGEVEER 14 REPEN

3 grote, rijpe bananen
200 g grove havervlokken
60 tot 90 g gedroogde vruchten (cranberries, rozijnen...)
50 g gehakte walnoten
75 g zonnebloempitten
80 g pompoenpitten
60 g amandelschilfers
35 g hennepzaad
1 theelepel kaneel
snufje zout
1 theelepel vanille-extract

BEREIDING

Verwarm de oven voor op 185°C en bekleed een bakplaat met bakpapier.

Blend of mix de banaan eerst tot een gladde massa. Voeg het vanille-extract, de kaneel en het snufje zout toe.

Roer de havermout erdoor en meng daarna de rest van de ingrediënten er een voor een door. Het deeg zal echt zwaar en nat aanvoelen, maar dat is normaal!

Leg de bol deeg op de bakplaat met bakpapier en druk het met lichtjes vochtige handen geleidelijk aan plat, tot het ongeveer overal nog 1,5 cm dik is.

Bak in de voorverwarmde oven in ongeveer 25 minuten goudbruin.

Laat eerst afkoelen alvorens je ze in repen snijdt en gebruik een scherp mes!

Cashew-kokos energy balls

INGREDIËNTEN

250 g zachte, ontpitte dadels
100 g rauwe cashewnoten
60 g geraspte kokos

BEREIDING

Mix alles in de foodprocessor tot een glad beslag.

Maak er balletjes van met licht vochtige handen (zo blijft het deeg niet aan je handen kleven).

Laat enkele uren opstijven in de koelkast voor gebruik en bewaar in de koelkast (of diepvriezer).

Vegan bananenbrood

INGREDIËNTEN

3 grote rijpe bananen
2 eetlepels gebroken lijnzaad
80 ml amandelmelk
80 ml gesmolten kokosolie
30 ml agavesiroop
1 theelepel vanille-extract
1 theelepel bakpoeder
snufje zout
60 g kokosbloesemsuiker
50 g havermout
200 g speltbloem
handje gebroken walnoten

BEREIDING

Verwarm de oven voor op 180°C.

Mix eerst alle natte ingrediënten tot een gladde massa met de keukenmachine, doe er nadien alle droge ingrediënten bij en meng verder tot een glad beslag.

Doe het deeg in een bakvorm en verkruimel de walnoten eroverheen.

Plaats voor 45 tot 55 min in de oven op 180°C.

Vegan peanutbutter banana brownies

INGREDIËNTEN

2 rijpe bananen
3 eetlepels gesmolten kokosolie
80 g agavesiroop
80 g kokosbloesemsuiker
4 eetlepels pindakaas (licht opgewarmd, zodat het wat lopender is)
1 theelepel vanille-extract
90 g havermeel
3 eetlepels cacaopoeder
3 eetlepels pure chocolate chips
snufje zout

BEREIDING

Verwarm de oven voor op 180°C.

Mix de banaan eerst tot een gladde massa in een foodprocessor. Voeg er dan de agavesiroop, kokosolie, kokosbloesemsuiker, 1 eetlepel pindakaas, zout en vanille-extract aan toe en mix tot een gladde massa.

Voeg er dan het havermeel, cacaopoeder en de chocolate chips bij en meng tot een glad beslag.

Bedek een rechthoekige brownievorm met bakpapier en druk dit aan de randen goed aan. Giet het beslag erin en zorg dat het mooi gelijk verdeeld is.

Boven op het beslag giet je de gesmolten pindakaas heen en weer in een zigzagpatroon en 'swirl' je de pindakaas er een beetje doorheen met een tandenstoker.

Bak ongeveer 25 à 30 minuten, tot de randen van de brownie van de bakvorm weg beginnen te krimpen en een tandenstoker droog uit het beslag komt.

Laat volledig afkoelen alvorens in stukken te snijden en bewaar in de koelkast.

07

IN 4 WEKEN BAAS OVER BODY EN MIND

Ik hoop dat je met alle tips in dit boek vooral zelf aan de slag kan om een fit en gezond leven voor jezelf te creëren, waarbij jij je goed voelt. Om je alvast goed van start te laten gaan heb ik een 4-weken kickstartplan voor body en mind.

WAT VIND JE IN DIT PLAN TERUG?

- Work-outs
- Mealplan
- Mindset opdrachtjes

Legende bij het plan:
Run: W1T1 = week 1 training 1 (van het 5 of 10km-plan, afhankelijk van jouw niveau!)
Kracht: 4R x 12HH* (6PK of 30sec) => 4 rondes, 12 herhalingen van elke oefening *(OF 6 per kant bij enkelzijdige oefeningen OF 30 seconden houden bij 'hold'-oefeningen.)*

Vergeet ook het stretchen niet!

- Voor je work-outs even wat dynamische stretchoefeningen doen en foamrollen
- Na je kracht work-outs even foamrollen
- Na je runs even statisch stretchen

HOE WERKT HET PLAN?

De reden waarom ik dit plan in dit boek heb gestoken is eigenlijk eerder als praktische inspiratie, dan wel om het plan letterlijk te volgen. Ik krijg zo dikwijls de vraag van mensen dat ze wel gezonder willen gaan leven, maar dat ze het enorm moeilijk vinden om het in de praktijk om te zetten, omdat ze niet weten waar te beginnen. Het plan hoef je niet klakkeloos te volgen. Ik wil je net in die vier weken inspireren om je eigen weg te vinden in gezond leven. Ik wil je helpen om gewoontes te creëren en permanente stappen te zetten richting een voor jou haalbare én gezonde levensstijl.

Ik heb dan ook bewust geen exacte hoeveelheden bij de maaltijden geschreven, omdat iedere persoon anders is. Ik wil dat je bewust leert luisteren naar je honger- en verzadigingsgevoel. Het is misschien 'gemakkelijker' om letterlijk een plan te volgen met exacte hoeveelheden, maar dit leert je niet bewust gezond te leven en leert je zelfs om je buikgevoel te negeren. Ken je zelf andere gezonde maaltijden? Top, vervang gerust maaltijden uit het plan! Sta jezelf toe om te experimenteren en je eigen inspiratie te gebruiken.

> 'One day or day one? You decide.'

Ik wil niet dat je aan het einde van het plan denkt: shit, en nu? Nu heb ik geen plan meer? Nee, ik wil liever dat je denkt: *OK, I got this*, nu kan ik zelf wel verder.

Belangrijk bij dit plan is dat ik je ook wil aanleren om flexibel te leren omgaan met je gezonde levensstijl. Ik wil dat je af en toe kan genieten van iets ongezonds zonder schuldgevoel, dat je eens een work-out kan overslaan als het nodig is zonder het gevoel te hebben dat je het verpest hebt. Ik wil dat je loskomt van een alles-of-nietsmentaliteit, zodat gezond leven voor jou niet aanvoelt als een verplichting of iets negatiefs, maar als gewoon normaal.

'The best way of getting things done is simply to begin.'

MIJN BAAS OVER BODY EN MIND WERKSCHRIFT

Om je te leren flexibel om te gaan met je gezonde levensstijl en je op weg te helpen naar een positievere mindset, wil ik dat je voor jezelf een leeg schriftje neemt voor je 'baas over body en mind'-plan.

'It's not about perfect. It's about effort. And when you bring that effort every single day, that's where transformation happens, that's where change occurs.'

WEEKOVERZICHT

Aan het begin van elke week maak je een weekoverzicht:

	MAANDAG	DINSDAG	WOENSDAG	DONDERDAG	VRIJDAG	ZATERDAG	ZONDAG
Ontbijt							
Lunch							
Dinner							
Snack 1							
Snack 2							
Work-out							

- Elke dag ga je voor jezelf na bij welke maaltijden je gezonde keuzes hebt gemaakt. Koos je gezond? Dan kleur je dit vakje groen. Geen gezonde keuze gemaakt? Dan laat je het vakje leeg (wat een gezonde keuze is zou je na het lezen van dit boek, denk ik, zelf wel moeten kunnen inschatten.)
- Voor de work-outs doe je ongeveer hetzelfde: heb je een work-out gedaan? Dan kleur je het vakje groen. Heb je niet gesport? Dan ga je bij jezelf even bewust na waarom.
- Was je ziek of nog veel te stijf van de vorige work-out? Dan kleur je het vakje toch gewoon groen, want dan heb je wél naar je lijf geluisterd. Dit is in mijn ogen ook positief gezondheidsgedrag.
- Was je gewoon te lui en bleef je liever voor de tv hangen dan een halfuurtje tijd te maken om te sporten? Dan laat je het vakje wel leeg.

Aan het einde van elke week kan je dan eens gaan kijken of je goed bezig bent. Zoals ik al zei, ben ik een fan van de 80-20% regel: als je 80% van de tijd gezond bezig bent, dan maakt de rest niet zoveel uit. Als we dit nu gaan toepassen op je weekoverzicht betekent dit:

- Heb je bij je maaltijden minder dan 7 lege vakjes? Top! Je bent goed bezig, want dan is toch 80% of meer van je maaltijden gezond!
- Heb je bij je work-outs 3 of meer groene vakjes? Dan ben je goed bezig, want je hebt de fitnorm gehaald!

In het plan staan sowieso al drie 'treat'-momenten die ik voor jou heb ingepland, omdat ik het belangrijk vind dat je niet té streng bent voor jezelf. Je bent hier natuurlijk volledig vrij in om die treat-momenten liever op een andere dag te zetten, én naast dit minimum aan drie treat-momenten is er, zoals je ziet, nog ruimte voor andere!

> **'Progress is impossible without change & those who cannot change their minds, cannot change anything.'**

MINDSET WERKSCHRIFT

Naast dit weekoverzicht kan je in dit 'baas over body en mind'-schrift ook alle dagelijkse en wekelijkse oefeningen noteren of doen voor een positievere mindset en meer zelfvertrouwen.

Daily happiness

Deze 'daily happiness'-oefeningen, zijn hele kleine, korte oefeningen die je elke dag kan doen. Van deze oefeningen maak je het best een dagelijkse gewoonte omdat ze een heel positieve invloed op je geest hebben.

- Schrijf elke dag minstens 2 dingen op waar je dankbaar voor bent.
- Schrijf elke avond op wat jouw belangrijkste positieve voornemen of doel is voor de volgende dag.
- Maak dagelijks tijd voor 10 minuutjes meditatie met een van de mindfulness-oefeningen van op pagina 51 en 52, of met de Headspace-app.

Daarnaast staan er in het 4-wekenplan op bepaalde dagen ook nog bijkomende oefeningen die je helpen om baas te worden over je eigen mind.

Weekly happiness

Naast de dagelijkse oefeningen neem je elke zondag even de tijd voor reflectie over de voorbije week en beantwoord je de volgende vragen:

- Wat vond ik het leukste deze week en waarom?
- Wat vond ik het moeilijkste deze week? Waarom is dat? Kan ik hier iets uit leren?
- Welke dag voelde ik me mentaal het beste? Waarom was dit, denk je?
- Wat wil ik volgende week graag anders zien?
- Wat kan ik doen om hier iets aan te veranderen?

	MAANDAG	DINSDAG	WOENSDAG
Ontbijt	Havermoutpap met banaan en pindakaas	Chiapudding met mango en kokos	Overnight oats met rode vruchten
Lunch	Falafel bowl	Griekse wrap met linzen en tzatziki	Griekse wrap met linzen en tzatziki
Dinner	Thaise curry met rijst	Pita met falafel, hummus, rucola, komkommer en paprika	Thaise curry met rijst
Snack 1	Appel met kaneel	Handje noten	Banaan
Snack 2	Kwark/ plantaardige vervanger met handje noten	Kwark/ plantaardige vervanger met handje druiven	Kwark/ plantaardige vervanger met granola
Work-out	RUN Start to run W1T1	YOGA 3 x flow	KRACHT Benen + Arms & abs 3R x 12 HH* *(6PZ of 30 sec)
Mindset	Oef p. 36: mijn droomplan (let erop dat je doelen SMART zijn!)		Schrijf drie positieve en drie negatieve gewoontes op van jezelf. Schrijf bij elke gewoonte waarom je dit positief dan wel negatief ervaart.

DONDERDAG	VRIJDAG	ZATERDAG	ZONDAG
Kwark of plantaardige yoghurt met appel en granola	Green power smoothiebowl	Baked oatmeal met frambozen en amandel	Vegan (protein) pancakes met gebakken appeltjes, ahornsiroop en rozijntjes
Quinoasalade met avocado en mango	Quinoasalade met avocado en mango	Boterhammen/ crackers met hummus, avocado en rucola	TREAT
Courgettepasta met tomatensaus en feta	Courgettepasta met tomaten-saus en feta	TREAT	Pasta uit de oven met groenten en mozzarella
3 rijstwafels met pindakaas	Handje noten	Plak bananenbrood met pindakaas	Plak bananenbrood
Chocolate (n)ice cream = 2 gemixte bevroren bananen met 1 theelepel cacao	TREAT	Kwark/ plantaardige vervanger met appel en kaneel	Tropische (n)ice cream = 1 gemixte bevroren banaan met handvol bevroren mango
RUN Start to run W1T2	YOGA 3 x flow	RUN Start to run W1T3	KRACHT HIIT work-out + Benen + Arms & abs 3R x 12 HH* *(6PZ of 30 sec)
	Plan vandaag bewust een genietmoment in voor jezelf	Maak je weekly goal planner voor de volgende week	Weekly happiness journal: reflectie over voorbije week

	MAANDAG	DINSDAG	WOENSDAG
Ontbijt	Carrot cake havermout	Chiapudding met rode vruchten	Apple pie overnight oats
Lunch	Linzensalade met geroosterde pompoen, geitenkaas en walnoten	Linzensalade met geroosterde pompoen, geitenkaas en walnoten	Wrap met gegrilde groenten en halloumi
Dinner	Pasta uit de oven met groenten en mozzarella	Wrappizza's	Courgettepasta met tomaat-groentesaus en gebakken tempé i.p.v. feta
Snack 1	Appel met kaneel	Plak bananenbrood	Banaan
Snack 2	Kwark/ plantaardige vervanger en stukje bananenbrood	Kwark/ plantaardige vervanger met handje druiven	Kwark/ plantaardige vervanger met granola
Work-out	RUN Start to run W2T1	YOGA 3 x flow	KRACHT Benen + Arms & abs 4R x 12 HH* *(6PZ of 30 sec)
Mindset	Maak vandaag de oefening van op p. 50: 'Ik ben mijn lichaam dankbaar voor...'		p. 52: doen met aandacht

DONDERDAG	VRIJDAG	ZATERDAG	ZONDAG
Kwark of plantaardige yoghurt met blauwe bessen en granola	Tropische smoothiebowl	Baked oatmeal met banaan en pindakaas	Vegan (protein) pancakes met rode vruchten en Griekse/plantaardige yoghurt
Salade met gegrilde groenten en halloumi	Brood met rodebieten-hummus, feta en komkommer	Brood met rodebietenhummus, feta en komkommer	TREAT
Courgettepasta met tomaat-groentesaus en gebakken tempé i.p.v. feta	Zoete aardappel met veggieburger en broccoli	TREAT	Chili sin carne met rijst
Handje noten	Appel	Zwarte bonen brownie	Zwarte bonen brownie
Chocolate (n)ice cream = 2 gemixte bevroren bananen met 1 theelepel cacao	TREAT	Kwark/ plantaardige vervanger met appel en kaneel	Blueberry (n)ice cream = 1 gemixte bevroren banaan met 1 hand bevroren blauwe bessen
RUN Start to run W2T2	YOGA 3 x flow	RUN Start to run W2T3	KRACHT HIIT work-out + Benen + Arms & abs 3R x 12 HH* *(6PZ of 30 sec)
	Plan vandaag bewust een genietmoment in voor jezelf	p. 40: Maak je weekly goal planner voor de volgende week.	Weekly happiness journal: reflectie over voorbije week

	MAANDAG	DINSDAG	WOENSDAG
Ontbijt	Appeltaart havermout	Choco-chiapudding met banaan en hazelnoten	Overnight oats met mango en kokos
Lunch	Buddha bowl	Buddha bowl	Brood met hummus, linzen, zongedroogde tomaten en rucola
Dinner	Chili sin carne met rijst	Couscous met vegetarische balletjes, tomaat en komkommer	Couscous met vegetarische balletjes, tomaat en komkommer
Snack 1	Appel met kaneel	Zwartebonenbrownie	Banaan
Snack 2	Kwark/ plantaardige vervanger en stukje zwarte-bonenbrownie	Kwark/ plantaardige vervanger met handje druiven	Kwark/ plantaardige vervanger met granola
Work-out	RUN Start to run W3T1	YOGA 3 x flow	KRACHT Benen + Arms & abs 4R x 14 HH* *(7PZ of 40 sec)
Mindset	Schrijf vandaag elke dag van de week één reden op waarom je van jezelf houdt.		p. 52: Focusoefening

DONDERDAG	VRIJDAG	ZATERDAG	ZONDAG
Kwark of plantaardige yoghurt met sinaasappel en granola	Pink smoothiebowl	Chocolate chip blueberry baked oatmeal	Vegan (protein) pancakes met banaan en pindakaas
Brood met hummus, linzen, zongedroogde tomaten en rucola	Marokkaanse kikker-erwtensalade	Marokkaanse kikker-erwtensalade	TREAT
Zoete aardappel met gewokte veggie kipstukjes, spinazie en champignons (met evt. beetje plantaardige room)	Zoete aardappel met gewokte veggie kipstukjes, spinazie en champignons (met evt beetje plantaardige room)	TREAT	Wokschotel met noedels
Handje noten	Appel	Granolabar	Granolabar
Chocolate (n)ice cream = 2 gemixte bevroren bananen met 1 theelepel cacao	TREAT	Kwark/ plantaardige vervanger met appel en kaneel	Tropische (n)ice cream = 1 gemixte bevroren banaan met 1 hand bevroren mango
RUN Start to run W3T2	YOGA 3 x flow	RUN Start to run W3T3	KRACHT HIIT work-out + Benen + Arms & abs 3R x 12 HH* *(6PZ of 30 sec)
	Plan vandaag bewust een genietmoment in voor jezelf	p. 40: Maak je weekly goal planner voor volgende week	Weekly happiness journal: reflectie over voorbije week

	MAANDAG	DINSDAG	WOENSDAG
Ontbijt	Courgette-havermout met bosvruchten en chocolade	Blueberry-pecan chiapudding	Pindakaas-banaan overnight oats
Lunch	Couscoussalade met kikkererwten, komkommer, rozijntjes, tomaat en feta	Brood met pesto, mozzarella, tomaat en rucola	Couscoussalade met kikkererwten, komkommer, rozijntjes, tomaat en feta
Dinner	Courgettepasta met pesto, vegetarische kipstukjes en rucola	Pita met vegetarische gyros, paprika, hummus, avocado en komkommer	Pita met vegetarische gyros, paprika, hummus, avocado en komkommer
Snack 1	Appel met kaneel	Zwartebonenbrownie	Banaan
Snack 2	Kwark/ plantaardige vervanger en stukje zwartebonenbrownie	Kwark/ plantaardige vervanger met handje druiven	Kwark/ plantaardige vervanger met granola
Work-out	RUN Start to run W4T1	YOGA 3 x flow	KRACHT Benen + Arms & abs 5R x 14 HH* *(7PZ of 40 sec)
Mindset	Sta deze week elke dag eens stil bij waar je die dag beter in bent geworden.	Oefening p. 32: schrijf vandaag 5 dingen op die je ooit heel graag nog wilt bereiken of kunnen.	Oef p. 32: Schrijf vandaag 5 dingen op die je ooit heel graag wilde bereiken of kunnen, maar die je ondertussen ook al hebt of kan.

DONDERDAG	VRIJDAG	ZATERDAG	ZONDAG
Kwark of plantaardige yoghurt met mango en granola	Green power smoothie bowl	Appeltaart baked oats	Vegan (protein) pancakes met mango en kokos
Mexicaanse wrap met tempé, avocado en mango	Mexicaanse wrap met tempé, avocado en mango	Falafel bowl	TREAT
Thaise curry met rijst	Thaise curry met rijst	TREAT	Wrappizza
Handje noten	Appel	Peanutbutter banana brownies	Peanutbutter banana brownies
Chocolate (n) icecream = 2 gemixte bevroren bananen met 1 theelepel cacao	TREAT	Kwark/ plantaardige vervanger met appel en kaneel	Tropische (n)ice cream = 1 gemixte bevroren banaan met 1 hand bevroren mango
RUN Start to run W4T2	YOGA 3 x flow	RUN Start to run W4T3	KRACHT HIIT workout + Benen + Arms & abs 3R x 12 HH* *(6PZ of 30 sec)
	Plan vandaag bewust een genietmoment in voor jezelf	p. 40: Maak je weekly goal planner voor volgende week	Weekly happiness journal: reflectie over voorbije week

Mocht je nog niet genoeg hebben van het sporten, dan heb ik ook nog het schema voor de volgende 4 weken!

	MAANDAG	DINSDAG	WOENSDAG
Week 5	RUN Start to run W5T1	YOGA 3 x flow	KRACHT Benen + Arms & abs 5R x 16 HH* *(8PZ of 50 sec)
Week 6	RUN Start to run W6T1	YOGA 3 x flow	KRACHT Benen + Arms & abs 6R x 16 HH* *(8PZ of 50 sec)
Week 7	RUN Start to run W7T1	YOGA 3 x flow	KRACHT Benen + Arms & abs 6R x 18 HH* *(9PZ of 60 sec)
Week 8	RUN Start to run W8T1	YOGA 3 x flow	KRACHT Benen + Arms & abs 7R x 18 HH* *(9PZ of 60 sec)

DONDERDAG	VRIJDAG	ZATERDAG	ZONDAG
RUN Start to run W5T2	YOGA 3 x flow	RUN Start to run W5T3	KRACHT HIIT work-out + Benen + Arms & abs 3R x 12 HH* *(6PZ of 30 sec)
RUN Start to run W6T2	YOGA 3 x flow	RUN Start to run W6T3	KRACHT HIIT work-out + Benen + Arms & abs 3R x 12 HH* *(6PZ of 30 sec)
RUN Start to run W7T2	YOGA 3 x flow	RUN Start to run W7T3	KRACHT HIIT work-out + Benen + Arms & abs 3R x 12 HH* *(6PZ of 30 sec)
RUN Start to run W8T2	YOGA 3 x flow	RUN Start to run W8T3	KRACHT HIIT work-out + Benen + Arms & abs 3R x 12 HH* *(6PZ of 30 sec)

DANK JE WEL

Dit boek heb ik misschien helemaal zelf geschreven, maar zonder de hulp van de mensen om me heen was het er waarschijnlijk nooit geweest. Een paar mensen in het bijzonder...

Dank je, **mama**, voor alles. Dank je om altijd in mij te blijven geloven, zeker op momenten dat ik dat zelf niet kon. Dank je om me altijd graag te blijven zien, ondanks dat ik het je soms verschrikkelijk moeilijk heb gemaakt. Zonder jou was ik nooit zo ver gekomen.

Dank je **Edwig** om me altijd graag te zien alsof ik je eigen dochter was. Dank je, om in mijn meest donkere dagen toch altijd een lichtpuntje te zijn.

Dank je **Lode**, om meermaals dit jaar mijn tranen te drogen als ik weer eens dacht dat het me niet zou lukken. Dank je, om elke dag opnieuw een glimlach op mijn gezicht te toveren. Dank je, voor alle liefde, knuffels en pannenkoeken. Je beseft niet half hoe bijzonder je bent.

Dank je, **Robin**, om te zijn wie je bent. Dat ik doorheen de jaren steeds meer op je ben gaan lijken, zie ik alleen maar als een compliment. **Kaat**, om er al zoveel jaren voor me te zijn, ondanks dat het niet altijd makkelijk is geweest. **Leendert**, voor de ontelbare keren dat je me hebt laten lachen omdat je weer idiote dingen hebt gedaan. En ook voor al de rest natuurlijk. **Lies**, om dagelijks een inspiratiebron voor mij te zijn. Je bent een van de sterkste vrouwen die ik ooit heb ontmoet. Dank je, **Monique,** om ondanks de afstand toch altijd iemand te zijn bij wie ik terechtkan.

Dank je, **Jan Norré,** om ervoor te zorgen dat er van dat meisje dat ooit liever onzichtbaar was geweest, niet veel meer overblijft.

Dank je, **Irmy**, voor de magische foto's. Ik hoop dat je beseft dat je barst van het talent. Jij gaat het nog heel ver schoppen, daar ben ik honderd procent zeker van.

Dank je aan uitgeverij **Van Halewyck** om me deze kans te bieden. Ondanks dat het idee al heel lang in mijn hoofd speelde, heeft jullie vraag en jullie vertrouwen ook mij het vertrouwen gegeven om het ook daadwerkelijk te doen. Ik heb tijdens het schrijfproces misschien wel honderd keer gedacht dat dit het domste idee was dat ik ooit heb gehad, maar dankzij jullie steun en goede feedback heb ik toch dit werk af kunnen maken.

Dank je **Reebok, Adidas** en **Hunkemoller** voor de prachtige outfits die ik mocht gebruiken voor mijn boek en **sportclub het eiland** en **Clo Clo** voor de prachtige locaties.

Dankjewel, aan nog zoveel andere mensen om me heen, om me te steunen en in mij te geloven. Zonder jullie was ik nooit zo ver gekomen. DANK JE WEL!

NOG MEER THE FITTEST YOU?
Helaas ben je bij het einde van dit boek gekomen. Wil je nog meer lezen of ben je op zoek zijn naar nog meer receptjes of work-outinspiratie? Dan kan je altijd een kijkje nemen op mijn website **www.the-fittest-you.com.**

Van Halewyck maakt deel uit van Pelckmans uitgevers nv
(www.pelckmansuitgevers.be, Brasschaatsteenweg 308, 2920 Kalmthout, België)

OMSLAGONTWERP EN BOEKVERZORGING: Katrien Van De Steene – Whitespray
FOTOGRAFIE: Irmy Photography

D/2019/7104/7
ISBN 978 94 9131 910 4
NUR 450

vanhalewyck.be

vanhalewyck
vanhalewyck
van_halewyck